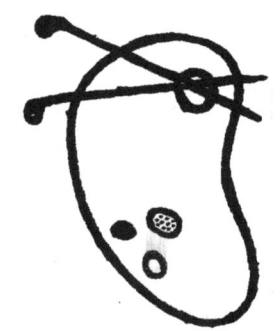

Original en couleur
NF Z 43-120-8

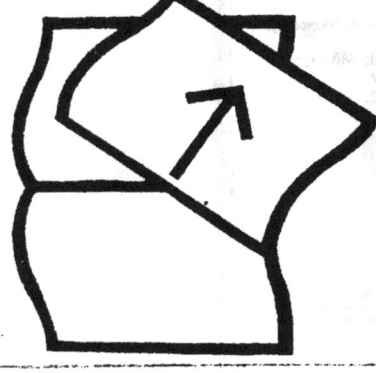

Couverture supérieure manquante

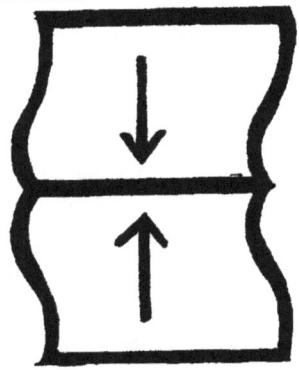

RELIURE SERREE
Absence de marges
intérieures

VALABLE POUR TOUT OU PARTIE DU
DOCUMENT REPRODUIT

PUBLICATIONS
DE LA
SOCIÉTÉ GÉNÉRALE DE LIBRAIRIE CATHOLIQUE
V. PALMÉ, 25, RUE DE GRENELLE-ST-GERMAIN, PARIS

Volumes publiés dans la Collection à 3 francs :

ŒUVRES DE PAUL FÉVAL
SOIGNEUSEMENT REVUES ET CORRIGÉES

Jésuites ! 14ᵉ édition. 1 fort vol. in-12.
Les Étapes d'une conversion (1ʳᵉ série). *La Mort d'un père.* 16ᵉ édit. 1 vol. in-12 de 270 pages.
Pierre Blot, second épisode des *Étapes d'une conversion*. 9ᵉ édit. 1 vol. in-12.
La Première Communion, troisième épisode des *Étapes d'une conversion*. 2ᵉ édition. 1 vol. in-12.
La Fée des grèves, légende bretonne. 6ᵉ édit. 1 vol. in-12 de 362 pages.
L'Homme de fer, suite de *la Fée des grèves*. 5ᵉ édit. 1 vol. in-12 de 353 pages.
Les Contes de Bretagne. 6ᵉ édit. 1 vol. in-12 de 284 pages.
Châteaupauvre, voyage au dernier pays breton. 7ᵉ édit. (revue et corrigée. 1 vol. in-12 de 414 pages.
Frère Tranquille (anciennement *la Duchesse de Nemours*). 4ᵉ édit. 1 vol. in-12 de 415 pages.
Le Dernier Chevalier. 5ᵉ édit. 1 vol. in-12 de 340 pages.
Le Château de velours. 4ᵉ édit. 1 vol. in-12.
La Fille du Juif-errant. 4ᵉ édit. 1 vol. in-12.
La Louve. 4ᵉ édit. 1 vol. in-12.
Valentine de Rohan. 5ᵉ édit. 1 vol. in-12.
Le Mendiant noir. 3ᵉ édit. 1 vol. in-12.
Les Romans enfantins. 3ᵉ édit. 1 vol. in-12.
Le Poisson d'or. 3ᵉ édit. 1 vol. in-12.
Veillées de famille. 3ᵉ édit. 1 vol. in-12.
Le Loup blanc. 3ᵉ édit. 1 vol. in-12.
Rollan Pied-de-fer. 1ʳᵉ édit. 1 vol. in-12.

PARIS. — IMPRIMERIE DE CH. NOBLET, 13, RUE CUJAS. — 6771.

VALENTINE DE ROHAN

PARIS. — IMPRIMERIE DE CH. NOBLET
13, RUE CUJAS, 13

ŒUVRES
DE
PAUL FÉVAL
SOIGNEUSEMENT REVUES ET CORRIGÉES

VALENTINE DE ROHAN

QUATRIÈME ÉDITION

PARIS
SOCIÉTÉ GÉNÉRALE DE LIBRAIRIE CATHOLIQUE

PARIS	BRUXELLES
VICTOR PALMÉ	**J. ALBANEL**
ÉDITEUR DES BOLLANDISTES	DIRECTEUR DE LA SUCCURSALE
DIRECTEUR GÉNÉRAL	POUR LA BELGIQUE ET LA HOLLANDE
25, rue de Grenelle-St-Germain	29, rue des Paroissiens, 29

1879

VALENTINE DE ROHAN

PREMIÈRE PARTIE

LA PETITE CENDRILLON

I

LE BOUDOIR

Les pierres racontent, dit-on, l'histoire des catastrophes dont elles furent les témoins. L'antique manoir de Rohan-Polduc avait été témoin des deux tragédies qui furent comme le prologue de notre présent drame : l'expulsion de César de Rohan avec sa jeune femme et son fils, la malédiction de Valentine de Rohan, portant sa fille dans ses bras.

César de Rohan était mort de cela, et Valentine

de Rohan aussi peut-être. Guy, comte de Rohan, leur père, jeté lui-même hors de sa demeure, par la trahison d'Alain Polduc, était parti seul, sans tourner la tête, laissant derrière lui ce double et terrible châtiment.

Depuis lors, les gens de la contrée ignoraient ce qu'était devenu le comte Guy, cet implacable vieillard, dur comme les héros de la légende celtique. César, sa femme et son fils passaient pour morts ; nul ne savait le sort de Valentine ni de sa fille.

Mais le manoir ne racontait rien de ces lugubres choses. Au contraire, la physionomie autrefois si sombre de ses vieilles pierres s'essayait maintenant à sourire. On avait fait ce qu'on avait pu pour égayer ces noires murailles dont la vétusté faisait honte à leur nouveau seigneur.

M. le sénéchal de Bretagne, que nous appelions autrefois maître Alain Polduc, et qui faisait en ce temps là profession d'humilité était maintenant un personnage d'importance. Il ne se contentait plus de vivre en maître dans la maison où nous le connûmes valet, et ne cachait point qu'il aurait mieux aimé la demeure moderne, toute blanche et toute carrée, de monsieur son beau-père, l'intendant Feydeau, mais l'intendant gardait pour lui sa demeure.

Du vivant de sa fille aimée, femme d'Alain Polduc, transformé en vicomte de Rohan, depuis qu'on l'avait institué sénéchal, Achille-Musée Feydeau de Brou, intendant royal de l'impôt pour la province de Bretagne, vieillard ridicule et qui mettait sa gloire à copier les mœurs de la cour du régent, avait éloigné de lui dès longtemps ses deux plus jeunes filles pour les placer auprès de leur sœur. Maintenant que le sénéchal était veuf, Agnès et Olympe Feydeau restaient au manoir, du consentement de leur père, lequel menait en son château, seul et sans contrainte, sa vie de vieux Céladon. Elles étaient comme les filles d'adoption du sénéchal, qui postulait auprès du parlement pour leur faire porter le nom de Rohan-Polduc. Pas n'est besoin de dire à ceux qui se souviennent de maître Alain et de son excellent caractère que M. le sénéchal espérait bien trouver son compte à cela.

L'intendant et le sénéchal étaient, du reste, les deux doigts de la main. Pythias et Damon s'aimaient d'une amitié moins tendre. Depuis vingt ans ils faisaient ensemble des affaires extrêmement délicates, et jamais ils ne se querellaient devant témoin.

C'est là le sublime de l'amitié entre spéculateurs.

Au temps où maître Alain était majordome chez son noble cousin, le comte Guy, son rôle avait été d'aider à la ruine de l'irascible vieillard et de faciliter au contraire l'agrandissement des domaines de Feydeau. Grâce à lui, les futaies de Rohan, ses fermes, ses guérets, avaient passé peu à peu et moyennant vil prix entre les mains de l'intendant royal.

Pour avoir le manoir lui-même et les domaines inaliénables, il avait fallu jouer un autre jeu ; et nous venons de faire allusion au drame de famille qui priva de ses deux héritiers le comte Guy dont la fièvre politique s'était changée en folie par suite des excitations de maître Alain. La trame était simple, quoique savamment ourdie : aucun fil ne se rompit. Une fois le vieux Rohan exilé ou mort et ses enfants disparus maître Alain Polduc fut amplement récompensé de ses peines. Grâce au crédit de son beau-père, il fut nommé sénéchal et son beau-père lui-même, ayant mission, par sa charge d'intendant, de juger les conflits de noblesse put le coucher sur un registre en qualité de vicomte de Rohan.

C'était assurément beaucoup pour un gars du pays de Tréguier, qui était arrivé dans la haute Bretagne avec ses sabots pleins de paille et sa veste de futaine, mais M. le sénéchal demandait davantage. Foydeau était huit ou dix fois plus riche que lui ; cela lui donnait de l'émulation. Il prétendait à la lieutenance de roi et voulait pêcher encore en eau trouble un ou deux petits millions avant le soir de sa vie.

Quelqu'un qui serait revenu au pays après quinze ou vingt ans d'absence aurait eu de la peine à reconnaître l'abord sauvage de la maison de Rohan ; les douves, comblées dans tout leur parcours, s'étaient changées en parterres ; une allée de tilleuls taillés en boules coupait la pelouse à son milieu et conduisait au perron. Chaque tronc de tilleul s'entourait d'un buisson d'épines auquel la cisaille avait donné la forme d'un vase.

Les murailles avaient été replâtrées ; les moulures vénérables de la maîtresse porte s'empâtaient sous une triple couche de peinture verte. La partie du château qui tombait en ruines se relevait, et vous n'eussiez retrouvé sur la façade de l'ouest que le vieux balcon de granit conservé intact comme curiosité.

A l'intérieur, même changement. Le pauvre grand salon d'honneur, séparé en deux par une cloison, ne gardait rien de sa sévère magnificence. La fille aînée de l'intendant Feydeau l'avait trouvé trop long, trop large et trop triste. Les deux pièces qui le remplaçaient n'étaient pas tout à fait à la mode de la cour, mais leur ameublement Louis XIV n'en faisait pas moins, avec l'architecture gothique, le contraste le plus malheureux. Par les croisées, aux chassis renouvelés, on apercevait la terrasse grattée et blanchie, ainsi que le jardin, dont tous les arbres avaient été proprement émondés.

Nous le répétons, parce que c'est justice, on avait fait ce qu'on avait pu. Il y avait entre cette maison bien tenue et l'ancien manoir la même différence qu'entre le visage noble et triste du comte Guy et le menton rougeaud, rasé de frais, de M. le sénéchal, son ex-majordome.

La partie occidentale du manoir, à cause de son aspect plus moderne, avait été choisie par les demoiselles Feydeau ; elles y faisaient leur demeure. La dernière chambre, située au bout du corridor, celle qui donnait sur un balcon de granit en saillie d'où l'on apercevait la vallée de Vesvres, leur servait de boudoir commun.

L'histoire légendaire de ce balcon est racontée dans notre précédent récit : *La Louve*.

Les demoiselles Feydeau étaient parisiennes, riches, jeunes : il y a toujours quelque lueur de goût chez la jeunesse à qui rien ne coûte. La retraite favorite d'Olympe et d'Agnès était charmante ; vous eussiez dit un observatoire gracieux et brillant où les deux belles paresseuses venaient s'étendre sur leur sofa de velours, parmi les draperies roses, les peintures coquettes, les fleurs débordant hors des grands vases de Chine, pour regretter Paris en face de la campagne admirable.

C'est dans le boudoir des filles de Feydeau que nous conduirons tout d'abord le lecteur ; seulement, sur le sofa de velours qui faisait face à la fenêtre, nous ne trouverons ni mademoiselle Agnès, ni mademoiselle Olympe, ni même leur pauvre petite compagne Céleste, qu'on appelait dans le pays la Cendrillon du manoir de Rohan. Céleste était dans sa chambrette hâtant sa besogne et mettant la dernière main aux toilettes de ces demoiselles, car ces demoiselles devaient faire toilette ce soir, grande toilette ; il y avait fête à Rennes, au palais du gouvernement, pour la réception officielle de monseigneur le comte de Toulouse, redevenu gouverneur de Bretagne, après plusieurs années de disgrâce.

Céleste avait des doigts de fée ; Olympe et Agnès pouvaient compter sur elle. En attendant, elles étaient au salon, faisant les honneurs du château à de nombreux invités et se laissant appeler, par flatterie anticipée : Mesdemoiselles de Rohan, gros comme le bras !

Sur le sofa du boudoir, M. l'intendant et M. le sénéchal causaient en tête-à-tête. Maître Alain Polduc n'avait point changé notablement. Il était plus gros, et paraissait plus court ; ses épaules dodues étaient au plein de son habit de velours ponceau. C'est à peine si ses cheveux plats et rares commençaient à grisonner.

Ses prétentions aux belles manières avaient naturellement grandi, on le voyait bien à l'élégance de sa mise. Sous l'habit de velours ponceau, il y avait en effet une veste de satin bleu de ciel qui battait, rattachée à l'aide de boutons en diamants, sur une culotte de taffetas vert tendre. Les boucles de ses souliers à talons éblouissaient. Sous son double menton et autour de ses poignets ruisselaient des flots de dentelles. Comme on peut le penser, tout cela formait un ensemble des plus satisfaisants au point de vue comique, et pourtant M. le sénéchal ne prêtait point trop à rire, parce que son large visage, intelligent dans sa laideur, avait une expression inquiétante. On devinait dans ces petits yeux méchants l'expérience et la science d'un coquin émérite ; l'excellent sourire qui ridait l'embonpoint fleuri de ses joues ne cachait pas assez le sang-froid résolu du spoliateur.

Mais un type charmant, complet, tout d'une pièce, c'était Achille-Musée Feydeau, seigneur de Brou, du Mont et de la Muette, intendant royal pour la province de Bretagne, ancien disciple d'Apollon et vieilli au service des dames. Achille-Musée pouvait bien avoir soixante ans, mais les efforts réunis de son barbier, de son dentiste et de son valet de chambre, lui promettaient une jeunesse éternelle.

Considéré de près, son visage offrait tout l'attrait d'une œuvre d'art. Ses yeux d'un bleu terne et un peu vitreux avaient des cils rechampis au pinceau : l'encre de Chine, habilement employée, allongeait leur fente trop courte et leur donnait du caractère. A droite et à gauche, à la hauteur des tempes, il y avait un empâtement hardi, qui dissimulait deux écheveaux de rides.

La brosse, enduite de noir de fumée, restaurait chaque matin la courbe galante de ses sourcils ; quelques boucles perdues de sa noble perruque à la Louis XIV venaient jouer adroitement sur les plis de son front qu'elles dissimulaient à merveille. Ses lèvres, passées au carmin, faisaient ressortir la blancheur de trente-deux dents savoyardes achetées à beaux deniers comptant. Ces perles, montées en perfection, donnaient à son parler un gazouillement enfantin plein de charmes.

Achille-Musée n'avait garde de tomber dans les mêmes barbarismes de toilette que son gendre ; son accoutrement était irréprochable et sentait vraiment l'homme de cour. Il était haut sur jambes comme l'oiseau symbolique des hiéroglyphes de Memphis ; il avait le torse un peu voûté et très court. Assis nonchalamment comme nous le trouvons aujourd'hui sur un sofa de boudoir, il portait ses genoux croisés à la hauteur de son menton.

Dans sa main gauche peinte en blanc, au doigt de laquelle brillait un solitaire de la plus belle eau, une boîte d'or enrichi de perles fines tournait gracieusement, sollicitée par les doigts de sa main droite, également couverts d'une couche de peinture fraîche. Il aurait fallu faire tout Paris pour trouver un financier retouché plus savamment.

— Je vous ai amené ici, monsieur l'intendant, disait le sénéchal, parce que ma maison est pleine et que nous avons besoin de causer en paix.

— Eh mais ! fit Achille-Musée Feydeau de Brou, en secouant son jabot avec tout plein de grâce, vous n'avez pas besoin d'excuse... un boudoir, cela me connaît, mon gendre !

Alain Polduc fit mine de le regarder avec admiration.

— Vous êtes bien positivement l'homme de votre siècle ! s'écria-t-il, et les compagnons de M. le Régent ne sont que des novices auprès de vous !

— Eh ! eh ! eh ! ricana le financier ; j'avoue que, sur la route de la vie, j'ai laissé les épines pour ne cueillir que les fleurs.

— Charmant ! mais vit-on jamais chose semblable ! Les fâcheux nous poursuivent dans ce château avec un acharnement tel que nous sommes réduits à conspirer jusque dans le boudoir de vos filles.

Achille-Musée chiffonna le bout de son jabot en

hommé disert qui va soutenir un thèse mignonne.

— Mon gendre, répliqua-t-il, conspiration et boudoir ne s'accordent pas mal ensemble. Voyez la Fronde! J'ai rimaillé jadis, ajouta-t-il en se renversant sur les coussins, alors que j'occupais mes heures perdues à la culture des belles lettres, j'ai rimaillé tant bien que mal un petit conte à la façon d'Italie, intitulé : le *Boudoir conspirateur*.... Le titre est assez piquant, que vous en semble ?

— Charmant ! répéta Alain Polduc.

— N'est-ce pas ?... Mais je croyais que nous n'étions pas ici pour conspirer, monsieur mon gendre.

— Nous sommes ici pour convenir de nos faits. Il en est grand temps, monsieur mon beau-père ! nous sommes menacés par les événements, et il y a des jours où je pense qu'à force de nager entre deux eaux on finit par se noyer.

— Nous ne nageons pas, mon gendre, répliqua l'intendant, nous sommes en terre ferme, Dieu merci ! Nous avons un pied à la cour de France, un pied à la cour d'Espagne, voilà tout.

— Mon beau-père, les petits cadeaux entretiennent l'amitié ; voici bien longtemps déjà que nous n'avons fait à M. le Régent aucune agréable surprise.

ii

L'INTENDANT ROYAL

L'intendant jeta sur son gendre un regard d'inquiétude.

— C'est juste, dit-il pourtant, c'est trop juste. On ne saurait se montrer trop aimable avec M. le régent... Quand S. A. R. a eu vent des bruits qui courent sur mon hymen avec la comtesse Isaure...

— Causons affaires, interrompit le sénéchal.

— S. A. R. poursuivit l'intendant a poussé un grand cri, disant : est-il possible qu'Achille-Musée retombe dans le piége du mariage !

— Combien comptez-vous lui offrir en étrennes ?

— A la belle comtesse ? La corbeille me coûtera...

— J'entends à M. le régent.

Achille-Musée ouvrit sa boîte d'or.

— Diable ! diable ! dit-il, l'impôt ne rentre pas comme sur des roulettes.

— J'ai à vous parler de cela et d'autres choses. Comptons sur nos doigts. J'ai à vous parler des Loups qui ont passé la nuit en armes autour de la mare de Muys ; j'ai à vous parler de la comtesse Isaure, au point de vue de votre caisse seulement... J'ai à vous parler de l'ancien sabotier Yanmy et de certaine sorcière qui fait des miracles au vieux moulin de la Fosse-aux-Loups. J'ai à vous dire que la Louve a reparu dans la forêt ; que madame Saint-Elme, la mystérieuse protectrice de Rohan, est à Paris mieux en cour que jamais, si bien en cour que nos correspondants lui attribuent la rentrée en grâce de M. de Toulouse... Faites-moi songer aussi, au cas où je l'oublierais, à vous toucher un mot de ce beau cavalier qui est arrivé cette nuit en ma maison.

— Le seigneur Martin Blas ? interrompit l'intendant avec un léger bâillement.

— Oui. Ce don Martin Blas vient justement de Paris avec un message pour la comtesse Isaure.

— Plaît-il? Monsieur mon beau-père! s'écria Polduc, écoutez attentivement, croyez-moi ; la partie est engagée malgré nous ; nos cartes se mêlent toutes seules, et il ne dépend pas de notre volonté de retirer les enjeux !

— Expliquez-vous, je vous prie, voulut dire l'intendant, au sujet de ce message...

— Plus tard, interrompit le sénéchal. Il s'agit d'abord de régler le *don gratuit*, comme on dit en langage parlementaire, que nous allons déposer de compte à demi aux pieds de M. le Régent de France. Je ne suis qu'un pauvre gentilhomme, et, pour ma part, je sais bien ce que je fournirai, mais vous, mon beau-père, vous fournirez le reste, c'est-à-dire un pot-de-vin de cinq à six cent mille livres, pour que Son Altesse Royale ait le cœur content.

L'intendant bondit sur le sofa, et le sang lui monta au visage.

— Je ne parle pas poursuivit le sénéchal tranquillement, d'une bagatelle de vingt ou vingt-cinq mille écus pour certain illustre valet, qui aime presque autant les petits cadeaux que son maître.

Nouveau bond de l'intendant, qui supputa d'un accent désolé :

— Six cent soixante-quinze mille livres !

Puis il ajouta en regardant Polduc de travers :

— Mon gendre, vous êtes fou !

— Mon beau-père, répliqua le sénéchal, qui avait assurément son but en faisant suivre à l'entretien cette route pleine de circuits, ne discutons pas encore ; ce serait prématuré. Avant d'approfondir la question, permettez-moi de vous apprendre certains détails que vous ignorez à coup sûr.

— Six cent soixante-quinze mille livres ! répéta l'intendant, dont la boîte d'or tournait entre ses doigts comme une toupie d'Allemagne.

Alain Polduc se mit à l'aise à l'autre bout du sofa et commença ainsi :

— Il y avait autrefois, je vous parle d'une douzaine d'années, au bourg de Pléchastel, entre Quimper et Châteaulin, en Basse-Bretagne, un paysan qui se nommait Thurien le Bozec. Il avait une bonne ferme au bord du Bénaudet, et comme sa femme, Julienne, ne lui avait point donné d'enfant, il avait adopté un orphelin... Oubliez un instant vos six cent soixante et quinze mille livres, mon beau-père, et devinez qui je reconnus un jour assis par terre au seuil de Thurien le Bozec, et faisant sauter sur ses genoux le petit orphelin qui souriait ?

— Qu'importe cela ! gronda Feydeau tout entier à sa méchante humeur.

— Cela importe beaucoup, mon beau-père, répliqua Polduc avec calme. Vous possédez environ les deux tiers des anciens domaines de Rohan, et c'est la meilleure plume de votre aile... Or, César de Rohan et Jeanne de Combourg, unis en légitime mariage, ont laissé un fils dont la naissance fut authentiquement constatée par le chapelain du manoir où nous sommes...

L'intendant commençait à ouvrir de grands yeux.

— Cela vous importe beaucoup, reprit encore Alain Polduc, car vous savez comme tout le monde qu'après la fin tragique de César et Jeanne, sa femme, le vieux Rohan monta un matin à cheval pour aller chercher leur fils qui était ici près, en la paroisse de Noyal. Le vieux Rohan fut plusieurs jours sans revenir, et l'on disait dès ce temps-là qu'il avait été jusqu'à Quimper.... Cela vous importe beaucoup, je vous le répète, car l'homme qui faisait jouer l'orphelin sur ses genoux, au seuil de Thurien le Bozec, était Josselin Guitan, l'ami, le serviteur de César et l'âme damnée de Valentine :

Chaque passion a son travail et ses joies. La passion d'Achille-Musée Feydeau était la vanité du parvenu : vanité à propos de tout, argent, honneurs, élégance, poésie, esprit, crédit, bravoure même, et popularité, et don de plaire.

Cette passion du reste, n'était pas très exigeante, quoiqu'elle coutât fort cher. Pour peu que la foule parût croire à son bonheur, Achille-Musée était heureux pour tout de bon ; il vivait de gloriole.

Or, le plus beau de ses triomphes était assurément cette rumeur qui le mariait dans un avenir prochain avec la comtesse Isaure. Quoiqu'il fut très économe, il avait dépensé de grosses sommes pour alimenter ce bruit.

La comtesse Isaure régnait sur la jeunesse bretonne ; tout ce que Rennes contenait de noble, de vaillant et de beau, était à ses pieds. Quelle gloire, veuillez en convenir, pour Achille-Musée Feydeau, qui n'avait plus vingt ans, selon son propre aveu, et qui n'était, après tout, qu'un gentilhomme de finance, quelle gloire de damer le pion à toute cette noblesse d'épée !

La comtesse Isaure puisait à sa caisse, c'était là un fait avéré. Feydeau eût voulu l'écrire en grosses lettres sur la porte cochère de son hôtel. La comtesse Isaure avait avec lui des entretiens particuliers de jour et de nuit. En ces occasions, Feydeau eût arboré volontiers au sommet de sa plus haute cheminée un drapeau pour le faire savoir à la ville entière.

Voyez cependant la méchanceté des gens ! Les gens ne croyaient pas beaucoup au bonheur de l'intendant Feydeau. Le monde avait saisi son ridicule, le monde s'amusait de lui d'autant mieux qu'il était plus riche, plus puissant et plus haut placé ; ceux-là seuls qui avaient besoin de sa bourse et de son influence condescendaient à faire semblant de croire.

Le sénéchal était tout naturellement au nombre de ces derniers, en sa qualité de gendre d'abord, ensuite parce qu'il avait toujours besoin de Feydeau. Pour que le sénéchal montrât aujourd'hui si peu de complaisance, il fallait une circonstance grave. Feydeau l'avait pressenti vaguement dès le début de l'entrevue et ne s'était point trompé. Il s'agissait de la base même de son immense fortune. Il laissa de côté pour un instant sa manie et se résolut à écouter.

— Soyez tranquille, beau-père, dit cependant Alain Polduc comme s'il eût voulu jouer avec les perplexités du financier, nous allons revenir tout à l'heure à la belle comtesse... Avant de vous dire ce que faisait là-bas ce Josselin Guitan, j'ai besoin d'établir clairement, avec vous, notre situation mutuelle au sujet des biens de Rohan.

— Parbleu ! s'écria Feydeau, la situation est bien claire... j'en ai acheté les trois quarts à peu près.

— Acheté ? répéta le sénéchal, qui secoua la tête. Moi seul et vous nous savons à quel prix !

— Et quant au quatrième quart, poursuivit Feydeau, vous vous l'êtes fait donner après la confiscation.

— Et je voudrais bien le garder, mon beau-père ! prononça Polduc avec un gros soupir.

La boîte d'or de l'intendant s'arrêta entre ses doigts, et sa figure prit une expression de réelle inquiétude.

— Tant qu'il n'y a pas eu lieu, poursuivit Polduc, je ne vous ai point fatigué de ces détails ; vous avez acheté, c'est vrai, mais comme on peut acheter les biens d'apanage, sauvegardés par les articles 7, 22 et 23 du second annexe à l'acte d'union. Pour rendre votre possession définitive, il fallait absence d'héritier ou ordonnance royale. Cette ordonnance, vous n'avez pas pu l'obtenir du feu roi, et jusqu'à cette heure M. le Régent a négligé de vous l'octroyer.

— Voici quinze ans que les choses sont en cet état, voulut objecter Feydeau.

— Reste donc le défaut d'héritier, interrompit Polduc : la meilleure de toutes les conditions à mon sens pour nous tirer de peine. Mais celle-là ne dépend pas de nous plus que l'autre. Le double mariage de César et de Valentine fut célébré, selon le rite catholique, par Dom Sidoine, chapelain de Rohan; il a produit un double fruit, vous savez cela comme moi. César eut de Jeanne de Combourg un héritier mâle; Valentine mit au monde une fille dont le père est Morvan de Saint-Maugon.

— Qui a disparu... objecta l'intendant.

— Qui a disparu, répéta Polduc; ceci ne fait rien à l'affaire... outre que les gens qui disparaissent ainsi peuvent bien revenir quand on ne les attend plus. Aux termes de la Coutume de Bretagne, qui laisse tomber les biens nobles en quenouille, la fille de Valentinne est autant à craindre pour nous que le fils de César.

— Existe-il donc, demanda Feydeau, ce fils ou cette fille ?

— J'ai lieu de croire, répondit Polduc, qu'ils existent tous les deux.

A cette réponse catégorique et menaçante, Achille-Musée Feydeau s'agita sur son sofa.

— On existe... on existe... grommela-t-il, mais, quand on n'a ni papier ni preuves...

— Le jeune César et la jeune Valentine de Rohan, répliqua Polduc, peuvent avoir tout cela.

— Leur naissance.. commença l'intendant.

— Leur naissance, interrompit le sénéchal, fut constatée par le même chapelain dom Sidoine, qui mourut quand la fille, cadette du fils de César, de Saint-Maugon avait déjà trois mois.

— Vous avez vu les actes ? demanda l'intendant.

Le sénéchal ne put s'empêcher de sourire.

— Si je les avais vus, répliqua-t-il tout bas, je les aurais eus, et si je les avais eus, mon beau-père, nous parlerions à l'heure qu'il est de choses plus divertissantes... Mais, à présent, je suis sûr que vous sentez tout l'à-propos de mon histoire, et je la reprends au point où je l'avais laissée, avec la certitude d'être attentivement écouté. Revenons donc en Basse-Bretagne. Vous pensez bien que je jugeai inutile de me montrer à maître Josselin Guitan. J'attendis son départ derrière un fossé. Quand il fut parti, j'entrai dans la ferme de Thurien le Bozec ; je l'interrogeai le plus adroitement que je pus, mais c'était un vrai Bas Breton, taciturne et rude, dont je ne pus tirer rien qui vaille. Il fallut patienter encore jusqu'au lendemain ; à l'heure du labour, Thurien s'en alla aux champs, et je restait seul avec sa femme Julienne.

— Ah ! ah ! fit Achille-Musée, que fites-vous ?

— Je pris la main noire de Julienne, je l'ouvris et j'y versai une pleine poignée de gros sous... En Basse-Bretagne, une poignée de gros sous fait l'effet d'une pluie d'or. Julienne me dit tout ce qu'elle savait.

Malheureusement, elle ne savait pas grand'chose : Trois ans auparavant, remarquez bien la date, Julienne avait vu arriver un gentilhomme de haute taille, monté sur un grand cheval normand. Ce gentilhomme se tenait droit en selle, bien qu'il fût un vieillard ; une longue barbe blanche encadrait son visage sévère. A mesure qu'il approchait, Julienne cherchait à reconnaître la nature du fardeau qu'il portait. C'était un enfant.

Le vieillard s'arrêta devant la maison de Thurien le Bozec et dit à Julienne : Bonne femme, voulez-vous donner le vivre et le couvert à l'orphelin que voici ? Vous ferez de lui un paysan honnête et craignant Dieu. Pour votre peine, vous aurez, chaque année, douze écus de trois livres à la Noël.

Sur cette base, le marché n'était pas difficile à conclure. Julienne appela son homme et empocha les douze écus. Le vieillard n'avait pas quitté la selle, il tourna bride et s'en alla sans même embrasser l'enfant.

Le temps passa ; on ne revit plus le vieillard qu'à la Noël suivante, où il vint apporter les douze écus. Julienne remarqua cette fois que son visage était plus pâle et que ses yeux brûlants avaient des regards fous. Il demanda si l'enfant vivait, paya et s'en retourna.

Mais quelqu'un l'avait suivi à son insu et, dès qu'il eut tourné le coude de la route, Julienne vit s'approcher un homme qui prit l'enfant dans ses bras et le couvrit de baisers en l'appelant son jeune seigneur...

— Et vous dites que cette Julienne ne vous apprit pas grand'chose ! s'écria l'intendant, qui avait de la sueur sous sa perruque.

— J'aime à vous voir ainsi, mon beau-père ! répliqua gaîment le sénéchal ; l'intérêt que vous prenez à mon récit me flatte, et je n'ai pas besoin de vous dire que, dès ce moment, j'eus la certitude d'avoir retrouvé le fils de César de Rohan. Je réfléchis, comme bien vous devinez, et le résultat de mes réflexions fut celui-ci : Tant que l'enfant est à la ferme des le Bozec, me dis-je, élevé en petit paysan, selon le vœu de son aïeul, qui se fait notre complice sans le vouloir, rien à craindre ; le mal, ce sont les visites de ce Josselin Guitan : il faut y mettre ordre.

L'enfant avait six ou sept ans : j'étais déjà seigneur de Rohan-Polduc et je croyais le comte Guy réfugié en Angleterre. Ce détail est peut-être sorti de votre mémoire : nous fîmes arrêter Josselin Guitan, sous je ne sais quel prétexte, et les verrous de la Tour Lebat se refermèrent sur lui. Je me mis alors à la place du comte Guy qui avait cessé de solder la pension. Tous les ans à la Noël j'envoyai de mes propres deniers douze écus tournois à Thurien le Bozec pour qu'il continuât de loger et de nourrir l'enfant.

— Et l'enfant est devenu un jeune homme? demanda Feydeau, dont la curiosité impatiente pressait le dénoûment de l'aventure.

— L'enfant doit arriver à sa vingtième année, répondit le sénéchal.

— Il est toujours à la ferme de Thurien le Bozec ?

— Hélas ! non, mon beau-père, et c'est bien là le diable ! Je fus du temps sans l'aller voir, à cause de nos nouvelles occupations politiques. Ce coquin de Josselin Guitan prit la clé des champs au commencement de nos troubles, mais je n'eus point d'inquiétudes, parce que sa vieille mère se mit en noir après le combat de Châteaubourg et s'en alla partout pleurant son fils, tué par les gens de France... Quand je retournai à la ferme de le Bozec, l'oiseau était envolé.

L'intendant laissa tomber ses deux bras le long de son corps.

— Je comprends, fit le sénéchal. Votre avis est qu'on aurait pu prendre de meilleures précautions ; vous êtes dans le vrai, mon beau-père, mais ce qui est fait est fait. D'ailleurs, ce fils de César et de Jeanne de Combourg n'a point reparu jusqu'à présent ; il n'entre dans le total de nos embarras que pour mémoire. Je vous fais remarquer à l'occasion cette circonstance assez curieuse : nous avons reconnu pertinemment l'identité de l'héritier de Rohan, et nous ne savons pas où il est ; nous savons au contraire où est l'héritière de Rohan, mais nous n'avons sur son identité que des données bien incertaines.

— Comment, comment ! l'héritière de Rohan ! fit l'intendant en se redressant.

— Le fruit de l'autre mariage, célébré par le chapelain Dom Sidoine, répondit Alain Poïduc, la fille de ma chère cousine Valentine et du beau Morvan de Saint-Maugon.

— Vous ne m'aviez rien dit.., s'écria Feydeau.

— C'est juste, j'allais y venir. Ce qui m'a fait anticiper, c'est la façon extraordinaire dont les deux histoires se croisent à dater d'un certain moment ; il y a là sujet à méditation, mon beau-père, et vous allez éprouver quelque surprise à voir entrer en scène un nouveau personnage que vous connaissez beaucoup, politiquement parlant... Ce n'est pas à vous qu'il faut apprendre que la volonté de M. le Régent fut transgressée, lors de l'exécution des quatre gentilshommes bretons à Nantes ; le maréchal de Montesquiou garda le message royal qui accordait la grâce, et ces quatres têtes tranchées pèseront lourdement sur sa conscience à sa dernière heure.

— D'accord, mon gendre, fit le sénéchal, mais vous vous éloignez de notre sujet.

— Non pas ! Avez-vous souvenir de certaine romanesque aventure qui précéda immédiatement l'exil du comte Guy, mon noble cousin, il y a quinze ans? une entrevue de Valentine et du comte de Toulouse ? une révélation ?...

— Je me souviens de tout cela, mon gendre : mais quel rapport?...

— Voici une autre historiette. On raconte que M. le Régent aperçut un soir à l'Opéra, dans le demi-jour d'une loge une femme merveilleusement belle.

— Mon Dieu ! mon gendre, interrompit Feydeau, qui était sur les épines, il y a temps pour s'occuper de ces sornettes.

— Voici la première fois, mon beau-père, que je découvre le côté sérieux de votre esprit. Permettez cependant, je vous ai parlé de l'entrevue de Valentine avec le comte de Toulouse parce que nous arrivons à quelque chose qui y ressemble. Ce n'est ni leger ni fleuri. La belle dame était à Paris tout exprès pour parler à M. le régent de choses infiniment sérieuses. Elle le lui dit dans une audience qu'elle eut au Palais-Royal. Il s'agissait d'affaires d'État. Quand elle sortit, la conspiration des chevaliers de la Mouche-à-Miel était découverte et M. le régent avait donné sa parole de gentilhomme que pas une tête ne tomberait, pour ce fait, en Bretagne.

— Cette parole là n'était pas de l'argent comptant, murmura Feydeau. Vous me racontez l'histoire de madame Saint-Elme, mon gendre !

— Précisément, mon beau-père, et vous allez deviner pourquoi. Posons d'abord que si les circonstances firent mentir le Régent pour ce qui regardait le bourreau, il a gardé du service rendu un reconnaissant souvenir. Madame Saint-Elme ne paraît

point à la cour mais chacun sait bien que son pouvoir, pour rester mystérieux n'en est pas moins énorme. Son Altesse Royale la consulte, l'écoute et suit même ses avis : m'accordez-vous ces prémices ?
— Je n'y vois pas d'inconvénient.
— Eh bien ! beau-père, quand je retournai à la ferme de Thurien le Bozec, où notre petit bonhomme n'était plus, je commençai tout naturellement par jeter feu et flamme. Voici ce qui me fut raconté : Josselin Guitan était venu, non pas seul cette fois ; il était venu avec une dame jeune et belle, qui portait sur son visage pâli des traces de souffrance, Josselin Guitan et sa compagne avaient demandé l'hospitalité à la ferme ; les fermes de Basse-Bretagne n'ont qu'une chambre ; pour faire place à leurs hôtes, les époux le Bozec s'arrangèrent un lit dans l'étable. Le lendemain, en s'éveillant, ils ne trouvèrent ni Josselin Guitan, ni la jeune dame ; l'enfant, âgé alors de huit ou neuf ans, avait également disparu. Sur la table, il y avait une bourse bien garnie. Dans les draps du lit où avait couché la belle dame, pendant que Josselin veillait armé au dehors, Julienne trouva un chiffon de papier qu'elle porta, ne sachant point lire, au curé de la

paroisse ; c'était l'adresse d'une lettre, et la suscription était ainsi conçue :

— A mademoiselle Valentine de Rohan ?... interrompit l'intendant, sûr de son fait.

« — A madame la baronne de Saint-Elme, à Paris, » rectifia lentement le sénéchal.

Feydeau enfla ses joues blêmes et resta comme abasourdi.

— Vous croiriez ?... commença-t-il après un silence.

— J'en suis sûr ! répondit le sénéchal.

— Vous l'avez vue ?

— Jamais !

— J'ai cependant un vague souvenir de lettres échangées entre vous.

— Elle m'a écrit une seule fois, mon beau-père, et nous entrons ici dans la partie de l'histoire qui concerne la fille de Valentine et de Morvan de Saint-Maugon.

———

L'intendant royal était abasourdi. Jusqu'alors il avait cru que cette maison de Rohan-Polduc, déchue et dépouillée, s'éteignait tout doucement dans l'exil. Si parfois l'idée du vieux comte, et de sa fille Valentine, traversait son esprit par hasard, c'était un souvenir si lointain et si vague, que ses digestions n'en étaient nullement troublées. Il se sentait riche ; il avait l'ambition naïve des écus animés qui veulent rouler à la cour ; il se disait qu'en devenant plus riche encore, il achèterait quelque jour le pouvoir politique, comme il avait acheté les petites satisfactions de sa gloriole mondaine.

On ne peut pas dire que son gendre, le sénéchal, l'eût entraîné dans la comédie de Cellamare. Il y était entré de lui-même par désir de paraître, de jouer au chef de parti. Les financiers de cette sorte sont moins rares qu'on ne le pense. Bien des gens sont d'avis qu'une poignée de verges et une cellule aux incurables, suffiraient pour châtier ces Catilinas de carton. D'autres pensent au contraire que de pareils pantins ne méritent point de pitié.

La prétention que Feydeau avait d'être choisi entre tous pour conduire à l'autel la comtesse Isaure l'avait enfoncé très avant dans le complot. Il était par sa charge, le caissier du roi; il se faisait en secret le caissier des conjurés, à condition de verser les sommes dues entre les belles mains de la comtesse Isaure.

A la condition surtout de laisser parfois son carrosse stationner devant le logis de la comtesse, et de franchir de temps à autre le seuil de sa maison après la nuit tombée, avec des apparences de mystère.

Le lecteur se tromperait, s'il assimilait la charge d'intendant royal, tenue par Achille-Musée à un emploi quelconque de finances existant de nos jours.

L'intendant de l'impôt, à la fois *traitant* et *magistrat*, était un personnage de premier ordre. Il était traitant par cela qu'il prenait à forfait les redevances d'une province, se portant fort pour le paiement d'une certaine somme fixée de gré à gré entre lui et l'État. Il était magistrat en ce qu'il avait droit de juger en premier ressort les litiges relatifs à l'impôt, et en ce second lieu parce qu'il *connaissait des cas contestés de noblesse*. Ceci lui donnait une influence énorme. De ses décisions, il n'y avait appel qu'à la chambre du roi.

Le motif de cette autorité mise entre les mains d'un homme de finances était du reste aisé à comprendre. Les gentilshommes ne payaient point la taille. L'intendant royal devait donc avoir le droit de demander à ces privilégiés les preuves de leur noblesse. On ferait un livre curieux avec les concussions des intendants, à l'endroit de la noblesse.

Pendant qu'il écoutait son gendre, tout un horizon vaste et sombre s'ouvrait devant Feydeau. Il avait cru causer de petites tracasseries politiques, et on lui montrait comme une main mystérieuse qui menaçait de se refermer sur ses millions mal acquis.

Ces Rohan semblaient renaître de leurs cendres ! On lui parlait d'un fils de César, d'une fille de Valentine. Une occulte protection entourait évidemment ce fils de César, dernier héritier de Rohan ; cette protection ne pouvait manquer à la fille de Valentine.

Cette protection avait un nom. Elle s'appelait madame Saint-Elme.

Achille-Musée faisait tous ses efforts pour repousser une idée qui lui venait : Cette madame Saint-Elme était-elle Valentine de Rohan ?

— Mon beau-père, reprit cependant le sénéchal, madame Saint-Elme m'a fait l'honneur de m'écrire une fois, comme je vous le disais ; je n'aurai pas besoin d'un grand effort de mémoire pour me rappeler sa lettre, car sa lettre ne contenait qu'une seule ligne. Voici comment elle était conçue :

« Je suis à Paris, Paris est loin, mais j'ai le bras long, prenez garde! »

» Saint-Elme. »

IV

MADAME SAINT-ELME

A la lecture de ce laconique message, l'intendant secoua la tête et fronça le sourcil.

— C'était une menace, cela, dit-il.

— Je le pris ainsi, mon beau-père, répliqua le sénéchal.

— Mais à quel propos cette menace?

— J'ai toujours eu le cœur tendre, vous le savez, et mes penchants sont charitables, quand j'y trouve quelque intérêt. Je venais de recueillir chez moi cette enfant qui sert vos filles...

— Céleste?

— Oui... Et l'un de mes valets m'avait raconté

je ne sais quelle fantastique histoire de cette petite Céleste sommeillant là-bas dans la bruyère auprès du Pont-Joli et d'une belle dame qui se penchait au-dessus d'elle pour la baiser en pleurant...

— Mais cette Saint-Elme, interrompit l'intendant avec un véritable effroi, serait donc venue dans le pays !

— J'ai lieu de croire qu'elle y est en ce moment, mon beau-père... Notre petite Céleste a été consulter la Sorcière de la forêt, et la Sorcière lui a promis qu'elle serait comtesse.

— Est-ce que vous croyez aux sorcières, vous, monsieur le sénéchal ?

— Je crois au diable, monsieur l'intendant, et je me résume : Paris est loin, mais la femme qui a sauvé le Régent de France a le bras long. Vous et moi nous pouvons perdre en cette affaire autre chose que de l'argent.

Achille-Musée se sentait venir des vapeurs comme s'il eût été une jolie marquise. Il ferma les yeux et vit passer les quatre gentilshommes de Nantes avec leurs épaules sans têtes. Mieux que personne il savait que le soir du jour où Philippe d'Orléans avait causé avec Mme Sainte-Elme, sans elle, les quatre gentilshommes auraient enlevé Philippe d'Orléans à main armée.

— Pourquoi ne m'avez-vous pas parlé de cela plus tôt ? murmura-t-il plaintivement.

— Les choses marchent, mon beau-père, répondit Polduc avec calme, et leur allure qui varie détermine notre conduite de chaque jour. Peut-être que, hier encore, j'avais intérêt à vous laisser ignorer tout cela.

— Nos intérêts ne sont-ils donc pas les mêmes ?

— Si fait, mon beau-père, si fait... en thèse générale au moins.

L'intendant releva sur son gendre un regard soupçonneux. Polduc se prit à sourire.

— J'ai sur vous l'avantage du plus faible, poursuivit-il ; l'humble lierre s'attache au chêne puissant et ne s'inquiète point de l'étouffer.

— M'étouffer ! monsieur de Polduc ! se récria l'intendant avec une sérieuse horreur.

C'était vraiment pitié que de noyer un si pauvre homme dans la bouteille au noir ! Polduc jugea qu'il l'avait amené à un degré suffisant d'épouvante et poursuivit en changeant de ton :

— Avec un nourrisson des muses tel que vous,

mon beau-père, j'ai cru pouvoir me permettre une figure de rhétorique. Vous connaissez, du reste, tout mon dévoûment à votre personne : chaque fois que je pourrai vous aider sans me nuire, je le ferai de grand cœur. Mais l'Évangile chrétien et la fable païenne se sont rencontrés pour poser le même principe : Aide-toi toi-même !... J'achève ce que j'avais à vous dire sur les héritiers de Rohan : Sans autre preuve matérielle que la lettre brève et caractéristique de la Saint-Elme, je suis certain que la jeune Céleste est la fille de Valentine et de Saint-Maugon.

— Dans votre idée, interrompit l'intendant, cette madame Saint-Elme serait Valentine elle-même ?

— Je n'ai pas dit cela ! Seulement cette Saint-Elme a enlevé le fils de César à la femme de le Bozec, et cette même Saint-Elme paraît s'intéresser très-vivement à la fille de Valentine. Je laisse votre excellent esprit tirer de ce double fait toutes conséquences logiques.

L'intendant reprit à partie sa boîte d'or et fit mine de réfléchir profondément. Il savait bien que son gendre lui épargnerait en définitive le soin de tirer toute espèce de conséquences.

— Arrivons maintenant, continua le sénéchal, à quelque chose de beaucoup plus étrange encore. Vous n'êtes pas sans avoir entendu parler de la Meunière?

— Est-ce que ce n'est pas la même que la Sorcière?... Mon intelligence répugne à ces sottises surnaturelles.

— Je ne veux point vous parler des miracles qui effraient nos sabotiers. Je veux vous dire qu'on a trouvé la semaine passée le corps de la Meunière sous un tas de branchages non loin de la hutte qu'elle habitait dans la grand'lande de Saint-Aubin-du-Cormier.

— Dieu la bénisse!

— *Amen!*... Et que nonobstant, la Meunière continue de rendre des oracles dans la forêt.

L'intendant huma une pincée de tabac d'Espagne avec le sourire des sceptiques.

— Arrangez cela! fit-il en haussant les épaules.

— A l'heure où nous sommes, repartit le sénéchal dont le regard se détourna, c'est peut-être arrangé. Ne sentez-vous pas une odeur de roussi, mon beau-père?

Les narines diaphanes d'Achille-Musée Feydeau s'enflèrent.

— Si fait, répliqua-t-il.

— Le vent vient de l'est, reprit le sénéchal en baissant la voix, Yaumy aura fait sa besogne.

— Quelle besogne ?

Alain Polduc se leva et gagna le balcon en saillie. Une colonne de fumée s'élevait au loin parmi les arbres de la forêt, dans la direction de l'est.

— Où pensez-vous que soit le feu ? demanda-t-il.

— Bien près du Pont-Joli, répliqua l'intendant en s'orientant.

— Il n'y a rien à brûler de ce côté, ce me semble ?

— Des broussailles, répondit encore l'intendant et les ruines du moulin.

Alain Polduc revint s'asseoir.

— C'était dans les ruines du moulin, prononça-t-il à voix basse, que la Sorcière rendait ses oracles.

— Ah ! fit l'intendant stupéfait, c'était là !

— Elle avait avec elle un vieillard fou... poursuivit Polduc.

— Et cette incendie dont l'odeur nous arrive?...

— Le feu prend souvent par hasard dans les feuilles sèches, dit Polduc.

Achille-Musée resta bouche béante.

— Vous avez parlé, balbutia-t-il, de Yaumy et de certaine besogne...

— Mon beau-père, prononça lentement Alain Polduc, cette fumée qui s'en va emporte peut-être avec elle la Meunière, la Sorcière, Mme Saint-Elme et Valentine de Rohan.

L'intendant était livide, mais son petit œil bleu s'éclaira tout à coup.

— Si cela est, mon gendre, dit-il à Polduc qui se mordit les lèvres jusqu'au sang, pourquoi envoyer à M. le Régent six cent soixante-quinze mille livres ?...

— Eh bien ! coquins ! eh bien ! cria une voix cavalière à la porte du corridor ; faut-il rompre une demi-douzaine de côtes pour avoir le passage libre ?

Le gendre et le beau-père se prirent à écouter.

— Don Martin Blas ! murmure Polduc.

— J'ai défendu la porte dit Feydeau.

— Don Martin Blas n'est point de ceux qu'on fait attendre, mon beau père !

— C'est donc un bien grand personnage ?

Alain Polduc le regarda avec étonnement.

— Ne vous ai-je donc point dit qui est ce don Martin Blas ? s'écria-t-il en homme qui regrette vivement un oubli.

— Vous ne m'en avez pas ouvert la bouche.

— C'est fâcheux ! d'autant plus que le temps nous manque désormais... Le voilà qui fait un tapage d'enfer.

Le dos d'un valet frappa en effet rudement contre la porte close. Il fallait qu'on l'eût poussé de main de maître. Polduc se leva.

— Quand je pense, dit-il, que je vous avais fait venir ici précisément pour vous apprendre... Qu'il vous suffise de savoir mon beau-père, se reprit-il en gagnant la porte, que ce don Martin Blas est un envoyé d'Alberoni...

— Ah ! diable ! fit Achille-Musée en retapant précipitamment les boucles de sa vaste perruque.

Polduc ouvrait la porte.

— Drôles ! dit-il à ses gens, la consigne était pour tout le monde, excepté pour ce gentilhomme ! Entrez, seigneur Martin Blas, et soyez le très-bien venu !

Achille-Musée tendit le cou et aperçut la grande silhouette de l'Espagnol dans le demi-jour du corridor. Il n'aimait pas ces tournures d'aventuriers. Il ébaucha pourtant à tout hasard un salut agréable et souriant. Ce fut une perte : Don Martin Blas ne le vit point.

Don Martin Blas était debout sur le seuil et son regard faisait le tour de la chambre avec une singulière expression d'étonnement.

— Est-ce notre fille Olympe ou notre fille Agnès qu'il cherche? pensait Polduc.

Par le fait, on était ici chez les demoiselles Feydeau, l'idée n'avait rien d'invraisemblable. Martin Blas, silencieux et immobile, regardait de tous ses yeux. Ainsi se conduisent parfois les Espagnols de comédie quand ils pénètrent pour la première fois dans *le temple* de leur divinité. Agnès et Olympe étaient belles. Le sénéchal se demandait quel parti on pouvait tirer de ceci.

Don Martin Blas fit quelques pas dans la chambre. Le sofa où Achille-Musée venait de se rasseoir, triste et mécontent du peu d'effet produit par son salut, était sous une petite rotonde tapissée de velours. A cette place même se trouvait autrefois le prie-Dieu qui avait servi tour à tour à la jeune femme de César et à Valentine de Rohan. Quand l'espagnol regarda de ce côté, ses yeux se baissèrent et il pâlit.

— Est-ce Agnès? est-ce Olympe? se demandait le sénéchal enchanté.

Don Martin Blas cependant se redressa brusquement et gagna le balcon comme pour respirer plus à l'aise. Un profond soupir souleva sa poitrine. Il jeta un long regard sur le paysage.

— Ces dames ont d'ici une vue charmante, dit Alain Polduc.

— Ces dames? répéta l'Espagnol avec distraction.

Il croisa ses bras et contempla de nouveau la vallée de Vesvres. Pendant qu'il avait le dos tourné, Polduc serra la main de l'intendant.

— Regardez bien cet homme-là, dit-il à voix basse, et cherchez dans vos souvenirs.

— Je suis parfaitement sûr de ne l'avoir jamais vu, répondit Achille-Musée sans hésiter. Quand on a rencontré, ne fût-ce qu'une seule fois, un personnage aussi mal élevé, on se souvient de lui.

La conduite de Martin Blas, depuis son entrée

dans le boudoir, prêtait assurément à ce reproche et manquait de courtoisie. Non-seulement il avait méprisé le salut de Feydeau, mais aussi l'accueil plein d'empressement d'Alain Polduc. Quelque autre préoccupation bien tyrannique devait le tenir.

Tout à coup l'intendant et le sénéchal le virent passer la main sur son front. Il les regarda tous deux comme s'il ne les eût point encore aperçus.

— Monsieur le vicomte, dit-il en s'adressant à Polduc et d'un ton presque sévère, c'était une entrevue particulière que je voulais avoir avec vous.

Polduc, souriant et obséquieux prit la main de Feydeau.

— J'ai l'honneur de présenter à Votre Seigneurie, dit-il au lieu de répondre, M. Feydeau de Brou, mon beau-père, intendant royal de l'impôt.

Martin Blas salua froidement.

— C'est différent, dit-il.

Et tandis qu'Achille-Musée, malgré sa mauvaise humeur, se confondait en révérences, il ajouta :

— On compte beaucoup sur monsieur l'intendant à la cour de Madrid.

— Bien flatté, sans contredit... balbutia Feydeau.

— Ce doit être, poursuivit-il à part lui, une détestable recommandation à la cour de Paris!

— Je parlerai donc devant monsieur l'intendant, reprit Martin Blas, à cœur ouvert, et comme si j'étais seul avec monsieur le sénéchal. Mon voyage de Bretagne a un double but : l'intérêt de l'État d'abord, et, en second lieu, une affaire qui m'est personnelle. A tout seigneur tout honneur : parlons d'abord des intérêts de l'État.

Don Martin Blas prit un siége et parut se recueillir.

— Hier, en arrivant au manoir de Rohan-Polduc, poursuivit-il, j'ai fourni à monsieur le sénéchal les preuves de ma mission politique.

Le sénéchal s'inclina.

— Nous avons eu ensemble, continua don Martin Blas, une conférence qui me dispense d'entrer désormais dans les détails... Mais avant de quitter ce château où j'ai reçu l'hospitalité la plus courtoise, il me convient de résumer avec vous la situation et de préciser les faits. L'expérience de M. l'intendant pourra nous éclairer. Les événements ont marché comme toujours, depuis quelques semaines, en sens contraire de l'opinion vulgaire. Les apparences sont contre nous ; le fait nous aide. La mésaventure de ce pauvre prince de Cellamare a mis le Régent de France hors de garde ; il croit avoir bataille gagnée parce qu'il a saisi quelques paperasses et mis sous les verrous un diplomate de carton doré ; il triomphe, il tranche des têtes, il perd toute prudence... c'est le moment d'agir.

Achille-Musée secoua gravement les boucles pommadées de sa perruque.

— Je crois avoir dit à Votre Seigneurie, risqua le sénéchal, que tel n'était point ici notre avis.

— Permettez ! répliqua Martin Blas ; nous en sommes à mes instructions ; votre réponse viendra : je résume notre entretien de cette nuit. La flotte d'Espagne est prête, les Flandres sont soulevées ; l'Autriche attend le signal et la cour de Rome qui voit un mécréant sur la plus haute marche du trône de France n'empêchera pas de le donner : j'entends le signal. J'arrive de Paris : la noblesse parisienne, débarrassée de son chef pour rire, M. le duc du Maine, forme la plus belle armée qui se puisse voir. Le plan de campagne est tracé...En cette occurence, on s'est souvenu des vaillantes réclamations de la noblesse bretonne, qui a demandé à donner la première, et j'étais chargé de lui apporter ce mot d'ordre : En avant !

L'intendant s'agita sur le sofa. Le sénéchal leva les yeux au ciel et poussa un plaintif soupir.

— Voilà mon dire, reprit don Martin Blas ; voici maintenant celui de M. le sénéchal : L'élan de vengeance provoqué par le meurtre des quatre gentilshommes commencerait, selon lui, à se calmer, tandis que la terreur produite par cette grande sévérité augmenterait de jour en jour. L'auteur de cet assassinat juridique, M. le maréchal de Montesquiou, commandant pour le roi, a assumé sur lui seul la haine des nobles Bretons. Hier encore, grâce à l'aversion qu'inspire cet homme, on aurait pu affirmer que la noblesse bretonne tout entière était disposée à *entrer dans la forêt;* mais les choses ont changé ; le maréchal de Montesquiou est en disgrâce, et le comte de Toulouse vient d'être rappelé. Or, le comte de Toulouse est l'idole de la noblesse bretonne. Sa présence est un obstacle tout à fait insurmontable... D'où il suit que l'avis de M. le sénéchal est de s'abstenir.

— Jusqu'à voir, interrompit Polduc.

— Je pense que mon souvenir a été fidèle?

— Vous avez rapporté mes propres paroles.

— Sachons maintenant l'avis de monsieur l'intendant.

— S'abstenir! s'abstenir! s'écria Achille-Musée.

— A cause du comte de Toulouse?

— A cause du comte de Toulouse.

— Messieurs, je vais donc conclure, s'il vous plaît, reprit Martin Blas : La cour d'Espagne, à qui vous avez donné des garanties, compte sur vous deux en cette grave circonstance... Il faut que par vos soins le comte de Toulouse disparaisse.

Achille-Musée faillit tomber à la renverse et Alain Polduc regarda l'Espagnol d'un air confondu.

Don Martin Blas acheva d'un ton calme et rassis :

— On vous donne pour cela vingt-quatre heures, et je suis chargé spécialement de voir si vous y allez de franc jeu.

V.

LE FEU FOLLET

Don Martin Blas gardait maintenant le silence. Il contemplait froidement le désarroi de l'intendant royal et de son gendre. Achille-Musée ouvrait et refermait sa boîte d'or avec une activité fiévreuse. Polduc clouait au sol ses regards sournois.

— J'attends votre réponse, messieurs, dit l'Espagnol au bout de deux ou trois longues minutes.

— Palsambleu ! s'écria Feydeau sortant de son caractère, vous attendrez longtemps ! Immoler le comte de Toulouse !... J'ai le sommeil difficile et léger : si j'avais une fois ce meurtre sur la conscience, je ne pourrais plus dormir du tout. Or, le sommeil, c'est la santé, monsieur l'Espagnol, et la santé, vous ne pouvez l'ignorer, est le premier de tous les biens. Adressez-vous, je vous y engage, à quelqu'un de nécessiteux. Je suis assez riche pour tenir à mon repos.

Ayant prononcé ce discours plein de philosophie, Achille-Musée regarda son gendre. Celui-ci avait toujours les yeux baissés.

— Monsieur le sénéchal, dit Martin Blas de sa voix la plus flegmatique, épargnez-moi, je vous prie, la peine d'expliquer à votre beau-père comme quoi il n'est pas du tout en position de nous résister.

— Mon beau-père, répliqua aussitôt Polduc obéissant, il résulte de ma dernière et confidentielle entrevue avec le seigneur Martin Blas qu'il possède vos lettres chiffrées...

— Et les vôtres, interrompit Feydeau.

— Et les miennes, ajouta le sénéchal avec un gros soupir.

— Nous seuls, avec l'abbé de Porto-Carrero, reprit Achille-Musée, qui se débattait comme un diable, nous possédons la clé de ce chiffre...

— L'abbé de Porto-Carrero est en prison! prononça dolemment Polduc.

Feydeau releva d'un geste tragique le revers de son pourpoint et lança sa boîte d'or dans sa poche.

— J'en subirai les conséquences! dit-il presque résolûment.

— Mon beau-père... objecta Polduc.

— Je digère mal, très-mal... si l'on m'ôte mon sommeil, je suis un homme mort!

— Ce n'est pas tout encore, mon beau-père, reprit Polduc, j'ignore comment tout cela s'est fait, mais votre nom se trouve sur le carnet de don Martin Blas, en regard des sommes que vous avez versées entré les mains de la comtesse Isaure.

— Mon hymen prochain, essaya de balbutier Achille-Musée expliquerait des prodigalités plus folles encore.

— Eh! mon beau-père, fit Polduc découragé, gardez ces faux-fuyants pour vos juges!

Achille-Musée laissa choir ses bras maigres le long de son flanc.

— Mes juges! répéta-t-il, mes juges! En sommes-nous là déjà!

Et comme personne ne parlait plus, il pensa tout haut dans sa détresse amère :

— Je vois bien qu'on glisse malgré soi et fatalement sur la pente des conspirations ! J'y ai perdu l'appétit, une aile de volaille, suffit désormais pour me causer de très-grands maux d'estomac ! Mon père a digéré jusqu'à l'âge de soixante-quatorze ans. Il mangea, je m'en souviens, à son dernier repas, une joue de porc à la remoulade... Mais il n'avait, jarnibleu ! assassiné personne !

— Ecoutez, monsieur l'Espagnol, se reprit-il brusquement, puisque vous avez nos lettres, je ferai les fonds...

— J'ai à vous proposer un autre marché, dit Martin Blas.

Le sénéchal attendait cela depuis dix minutes. Allait-on parler d'Olympe ou d'Agnès ? La chose certaine, c'est qu'on allait parler de l'une des deux.

— Voyons ! fit l'intendant d'un air languissant.

— J'ai eu l'honneur de vous dire au début de cette entrevue, reprit don Martin Blas, que mon voyage de Bretagne avait un double but : d'abord l'intérêt de l'État, ensuite une affaire toute personnelle. Sans mettre l'Etat après moi, je puis vous faire quelques concessions, si vous me servez pour ce qui me regarde... Connaissez-vous madame la baronne de Saint-Elme?

Cette question fut faite à brûle-pourpoint.

— Diable! pensa le sénéchal, ne s'agirait-il ni d'Olympe, ni d'Agnès?

L'intendant perdait pied. Ce nom de madame Saint-Elme, prononcé tout à coup, secouait tous les fils de cet écheveau si péniblement débrouillé naguère et les emmêlait de plus belle. Ne pouvait-on parler de quoi que ce fût au monde sans évoquer cette madame Saint-Elme? Et que venait faire l'Espagnol Martin Blas dans cette ténébreuse histoire?

— Par votre silence même, messieurs, reprit don Martin, dont le visage basané s'éclaira, je vois que vous connaissez madame la baronne de Saint-Elme. J'ai quitté Madrid tout exprès pour la voir...

— Vraiment! fit Polduc en souriant méchamment: pour la voir?

Il ajouta :

— Vous aviez sans doute entendu dire qu'elle avait vendu au Régent le complot du prince de Cellamare?

— Vendu, non, répliqua l'Espagnol : donné.
— Donné, si le mot vous plaît mieux.
— Je savais cela, oui, et cela m'importait peu ; je vous répète, monsieur le sénéchal, que nous ne parlons plus politique. Les motifs qui m'entraînent sur les pas de madame la baronne de Saint-Elmo sont tout personnels, et vous n'avez nul besoin de les connaître. Je dois seulement vous mettre au fait de ma ligne de conduite, de mes démarches, parce qu'elles aideront les vôtres. Vous n'avez pas le choix, messieurs, vous ne pouvez être que mes alliés : j'espère que ceci est établi ?

Le beau-père et le gendre s'inclinèrent d'un commun mouvement.

— J'ai commencé mes recherches à Paris, reprit l'Espagnol, le soir même de mon arrivée. Je n'eus pas de peine à prendre langue. Toute la cour connaît madame de Saint-Elme, ou plutôt toute la cour se vante de la connaître : c'est le suprême bon ton. Les uns me dirent qu'elle habitait un hôtel isolé derrière les Minimes ; les autres, un vieux château d'aspect bizarre et fantastisque dans les plaines de Bicêtre. Selon celui-ci, elle avait sa maison vers la Grange-Batelière ; selon celui-là, elle prenait la poste, chaque nuit, pour aller reposer à Trianon. Quelques-uns m'affirmèrent qu'elle avait son appartement au Palais-Royal même... Je me rendis derrière les Minimes, je me fis conduire dans les plaines de Bicêtre, j'explorai la Grange-Batelière, je visitai Trianon : point de madame Saint-Elme ! Je la demandai aux valets de M. le Régent, qui me rirent au nez comme d'insolents marauds qu'ils sont. De guerre lasse, savez-vous ce que je fis ? je la demandai au Régent lui-même.

— En vérité ! s'écrièrent à la fois Polduc et Feydeau.

— Le Régent n'imita pas ses valets ? dit le sénéchal.

— Il n'eût osé ! répliqua sèchement Martin Blas.

Achille-Musée ouvrit de grands yeux.

— Le Régent, continua Martin Blas, me répondit ceci : Quand madame Saint-Elme veut me voir, elle sait où me trouver : c'est l'avantage qu'elle a sur moi.

— Étrange créature ! grommela Polduc.

— Et vous ne songeâtes pas à vous adresser au lieutenant de police ? demanda l'intendant.

— Si fait. J'avais connu M. le comte Voyer-d'Argenson en Espagne au temps de son ambassade. Il me reçut bien : il avait ses raisons pour cela... mais quand je l'interrogeai sur madame la baronne de Saint-Elme, il me répondit : J'ai dans ce tiroir cent mille livres en or, destinés à celui qui me découvrira sa demeure.

— Ah çà ! c'est donc un feu follet que cette femme-là ! s'écria Polduc.

— Le feu Saint-Elme ! murmura Achille-Musée ; excusez-moi si je n'ai pu retenir ce jeu de mots...

Il se prit à rire tout seul.

— Nous autres Espagnols, poursuivait don Martin Blas, nous ne perdons pas volontiers patience. Je me remis en quête de plus belle. Je découvris une maison garnie du quartier Saint-Denis, où madame Saint-Elme avait occupé un appartement pendant trois jours. La piste était trouvée, je suivis la piste : je la suivis depuis cette maison jusqu'à Versailles, de Versailles à Dreux, de Dreux à Prez-en-Pail ; puis je pris le change en la ville d'Alençon où de fausses indications me ramenèrent à Mortagne, sur les traces d'une autre madame Saint-Elme, que Dieu confonde ! bourgeoise dudit lieu, marchande de faïence rouennaise et de vaisselle de bois... Il fallut revenir à Alençon, où madame la baronne avait passé, en effet, vingt-quatre heures, pendant lequel temps elle avait reçu Beautru, gentilhomme de M. du Maine, et le chevalier de Kergrist, âme damnée de Montesquiou...

— Voyez-vous cela ! interrompit Polduc, intrigué au plus haut point.

— Je repris sa trace, et je me lançai sur Mayenne où madame Saint-Elme venait de passer. Je la manquai d'une demi-heure à Laval, et sans mon coquin de cheval, qui était rendu, je l'aurais jointe sur la route de Vitré... Mais voici bien une autre affaire : à Vitré, nul n'avait entendu parler de madame Saint-Elme. La ville entière était en émoi parce qu'une certaine comtesse Isaure venait de passer se rendant à Rennes...

L'intendant et le sénéchal tressaillirent tous les deux. Le regard perçant de l'Espagnol interrogea leurs physionomies, mais il fut désappointé. Le visage matois de Polduc, et la figure importante de M. Feydeau de Brou, n'exprimaient qu'un seul sentiment : la surprise.

De grands nuages de fumée couraient cependant

au-dessus des arbres et cachaient parfois, quand le vent rabattait, toute une portion de la vallée. En même temps, un mouvement se faisait dans le château. On vit passer de l'autre côté de la douve une demi-douzaine de petits paysans qui trottaient, tenant à la main leurs sabots et criant d'une voix essouflée :

— Au feu, les chrétiens ! au feu ! devers la Fosse-aux-Loups ! à le moulin du Pont-Joli ! Au feu ! au feu ! au feu !

M. le sénéchal, réprimant un mouvement nerveux, alla s'accouder au balcon. Il jeta un regard vers la forêt. Les rayons du couchant se jouaient dans les masses tournoyantes de la fumée.

— Ce Yaumi est un précieux coquin ! pensa-t-il.

— Que dites-vous de cela, messieurs ? demanda Martin Blas, qui ne s'occupait point de l'incendie.

— Monsieur le sénéchal ! appela Achille-Musée.

Et quand Polduc se fut retourné :

— Le seigneur don Martin Blas, acheva Feydeau, nous fait l'honneur de nous demander ce que nous pensons de cela.

— Rien, pour ma part, dit Polduc. Le seigneur

4

don Martin veut-il être présenté à la comtesse Isaure de Porhoët?

— Je le veux. Quelle femme est-ce?

Polduc se tourna vers son beau-père, qui prit immédiatement la parole.

— Peut-être m'appartiendrait-il moins qu'à personne, prononça-t-il avec modestie, de répondre à une semblable question. Mes relations tout honorables avec madame la comtesse ont occupé beaucoup la ville de Rennes...

— Quelle femme est-ce? répéta Martin Blas.

— Elle est admirablement belle.

— Brune ou blonde?

— Blonde.

Don Martin Blas se mordit la lèvre. Polduc qui le considérait attentivement depuis quelques secondes, eut un sourire.

— Les femmes sont habiles... prononça-t-il entre haut et bas; vous avait-on dit que madame la baronne de Saint-Elme fût une brune?

VI

MOT D'ORDRE

Le regard de l'intendant Feydeau allait de l'espagnol à Polduc. Il ne comprenait plus du tout.

— Avez-vous étudié un peu, seigneur don Martin demanda-t-il, les nuances des cheveux des dames ? J'ai à cet égard un certain acquis, et je cultive les muses en amateur. Je puis vous peindre à l'aide de la parole la couleur exacte des cheveux de madame Isaure. Ce n'est pas le blond cendré, qui est charmant ; ce n'est pas le blond perlé, superlatif du blond cendré, qui affadit un peu le visage. Ce n'est pas le blond chatain, ni le blond fauve; ni le blond orangé... Ce n'est pas non plus le blond olive, ni le blond-miel, ni le blond-cire, ni le blond qui ressemble aux plumes des jeunes tourterelles ce n'est pas blond de lin, ce n'est pas le blond alezan, encore moins le blond anglais, qui est couleur de feu, et que les chiens courants peuvent suivre au flair... C'est le blond céleste, seigneur don Martin, le blond qui fait un auréole lumineuse autour d'un front charmant, le blond qui rayonne comme un diadème d'or au reflet du soleil...

Achille-Musée s'arrêta pour reprendre haleine. Don Martin Blas, qui ne l'écoutait plus depuis longtemps, venait de frapper sur l'épaule du sénéchal.

— Vous avez quelque chose à me dire, monsieur Rohan-Polduc ! prononça-t-il tout bas à son oreille.

— Jetez donc des perles à un rustre ! pensa Feydeau.

— Je vous proteste... continua le sénéchal.

— L'espagnol lui serra le bras. Polduc n'essaya même pas de soutenir son regard.

— La comtesse Isaure ne porte pas son véritable nom, prononça Martin Blas en fixant sur lui ses yeux ardents.

— J'ignore.... j'ignore absolument.... balbutia Polduc.

Don Martin Blas le lâcha et fit un tour dans la chambre.

— Ce n'est pas elle qui habite cet appartement ? demanda-t-il tout à coup, tandis qu'un rouge vif perçait le bronze de sa peau.

— Ce sont mesdemoiselles de Rohan-Polduc, mes deux filles, répondit Feydeau.

— Vos filles ! répéta Blas qui s'arrêta en face de lui : ce nom de Rohan est donc à tout le monde ?

— C'est moi, seigneur don Martin, s'empressa de répondre le sénéchal, qui vais adopter mes deux jeunes belles-sœurs et leur donner mon nom.

Martin Blas avait les sourcils froncés.

— Chez nous, en Espagne, dit-il, les voleurs de grand chemin font aussi l'aumône avec le bien qu'ils ont dérobé.

Puis, d'un ton brusque et impérieux :

— Il faut que je voie cette femme ! ajouta-t-il.

— Avec votre nom, seigneur don Martin, avec la mission dont vous êtes chargé, l'hôtel de la comtesse Isaure vous ouvrira ses portes à deux battants.

Ce fut le sénéchal qui parla ainsi. Achille-Musée salua de la main en souriant, et dit :

— S'il restait quelque barrière, un mot de moi la ferait tomber.

— Il y a des barrières, repartit l'Espagnol. Voici quarante huit heures que je suis en Bretagne ; depuis ce temps-là je cherche la comtesse Isaure, qui me fuit, comme jadis me fuyait madame la baronne de Saint-Elme.

Achille-Musée se leva.

— Seigneur don Martin Blas, dit-il, ce m'est un honneur et un plaisir de vous offrir mon faible crédit ; madame la comtesse est au château...

— Vous vous trompez, mon beau-père, interrompit Polduc.

— Comment ! s'écria l'intendant.

— Madame la comtesse est partie ce matin.

— Sans me prévenir !

Involontairement, Polduc jeta un regard vers les nuages de fumée qui allaient désormais diminuant.

— Eût-elle fait un pacte avec le diable, pensait-il en ce moment, car il était homme à mener plusieurs affaires de front, si je peux faire subir à la comtesse

Isaure, à la Louve et à la Saint-Elme, le même sort qu'à la Meunière, je gage ma tête que nous n'entendrons plus parler jamais de Valentine de Rohan !

— Seigneur don Martin, reprit-il tout haut, la comtesse Isaure est d'humeur vagabonde et n'honore pas longtemps le même logis de sa présence. Nous l'avons possédée hier au soir un instant. Au point du jour, j'ai vu son cheval tout sellé dans la cour...

Achille-Musée n'avait plus qu'une préoccupation, c'était de jouer son rôle de fiancé. Il frappa violemment sur sa botte d'or.

— Jarnibleu ! s'écria-t-il, nous nous expliquerons, elle et moi, une bonne fois et j'en aurais le cœur net ! Dans les termes où nous sommes ensemble...

— Je n'ai pas les mêmes raisons que mon beau-père pour éclairer les marches et contremarches de la belle comtesse, interrompit Polduc, mais il m'étonne qu'un envoyé de la cour de Madrid ne sache pas quelles sont les occupations de madame Isaure.

Martin Blas se retourna vers lui et dit avec une rudesse soudaine :

— Mes bonnes gens, nous allons changer de

gamme. Qu'importe ce que j'ignore si j'en sais assez pour vous faire pendre?

Feydeau se redressa du coup : c'était presque un gentilhomme. Polduc baissa les yeux au contraire, après avoir lancé à l'Espagnol un regard de sang.

— Nous ne sommes pas habitués, prononça-t-il tout bas, à de pareilles façons d'agir.

— Les habitudes se prennent, répondit l'Espagnol : je ne suis pas content de vous. Écoutez-moi bien, tous deux. Si vous êtes utiles, on vous tolérera... Si vous n'allez pas droit votre chemin, gare à vous !

Il remit son feutre et poussa la porte d'un coup de pied comme un manant en colère. Sur le seuil, il s'arrêta pour dire :

— Vous m'amènerez la comtesse Isaure, ce soir, au bal de M. le gouverneur. Je le veux ! A ce soir.

Il sortit. L'intendant Feydeau se laissa choir sur le sofa.

— J'aime mieux les gens de France ! s'écria-t-il ; la tyrannie de ces rustres espagnols serait intolérable !

— Intolérable ! répéta le sénéchal comme un écho.

Il réfléchissait et se disait à part lui :

— Il y a des ressemblances, je puis me tromper. Autrefois, c'était la courtoisie, l'élégance... un vrai chevalier ! Mais alors pourquoi courrait-il après cette femme ?... Et pourquoi ces regards troublés qu'il a jetés tout autour de la chambre où autrefois?...

En sortant du boudoir, don Martin Blas descendit à l'écurie et fit seller son cheval. Avant de partir, et malgré l'assurance formelle de Polduc, il entra au salon pour voir si la comtesse Isaure ne s'y trouvait point par hasard.

Dès qu'il fut en présence des dames, vous ne l'eussiez point reconnu. Impossible de rencontrer un plus parfait gentilhomme. Évidemment ses allures brutales en face du sénéchal et de l'intendant étaient un parti pris. Aussi Agnès et Olympe Feydeau, dites mesdemoiselles de Rohan-Polduc, ne partageaient-elles point l'opinion de leurs pères au sujet du Seigneur Martin Blas. Elles avaient découvert en lui je ne sais quoi de romanesque, et le ton basané de ses joues leur semblait fort agréable à voir.

La comtesse Isaure n'était pas au salon. Don Martin Blas prit congé, promettant de revoir ces dames au bal du présidial. Comme il descendait le maître escalier pour gagner la cour, où l'attendait son cheval, une jeune fille montait en chantant. Ils se rencontrèrent face à face.

La jeune fille était vêtue d'une simple robe de toile ; ses cheveux s'échappaient de son serre-tête rond en profusion de belles boucles dorées. Elle avait des petits sabots aux pieds et le tablier des servantes tombait sur sa jupe. Elle ne fit que passer, portant dans ses mains une belle robe de soie rose.

L'Espagnol s'effaça pour lui laisser le chemin libre. Elle le remercia d'un sourire. Martin Blas resta immobile, bouche béante et les yeux grands ouverts.

Un instant, il fut sur le point de remonter les degrés du grand escalier, mais il se ravisa et descendit lentement le perron du vestibule. Il se mit en selle et piqua des deux.

La route est longue de la forêt jusqu'à Rennes. Tant que dura la route, Martin Blas oublia de pousser son cheval. Une irrésistible rêverie semblait l'entraîner. En arrivant aux portes de la ville, il tressaillit comme un homme qui s'éveille.

— Est-ce une vision ? se dit-il.

Puis le nom de Valentine vint mourir sur ses lèvres...

Dans le boudoir, Achille-Musée et Polduc restaient assez déconfits.

— Mon beau-père, demanda le sénéchal, quelle est votre opinion sur tout ceci ?

— Heu ! heu ! fit l'intendant, c'est un grossier personnage. J'avoue que je ne crains pas un pareil rival. Madame Isaure a trop de délicatesse dans l'esprit et dans le cœur...

— Ah çà ! beau-père, interrompit Polduc indigné, est-ce que vous devenez fou tout à fait ? Avez-vous bien le cœur de plaisanter quand il s'agit de nos fortunes assurément et peut-être de nos existences ?

— Je ne plaisante pas, la comtesse...

— Laissons la comtesse, s'il vous plaît ! nous reparlerons de la comtesse quand il s'agira pour nous d'expliquer comment madame Isaure, l'héroïne des conspirations qui se trament à Rennes contre le Régent, peut avoir des rapports avec la baronne de Saint-Elme, vendue ou donnée à la cour...

— Voulez-vous que je vous dise, Alain, mon garçon ? fit l'intendant d'un air capable ; cet homme a tenté de nous effrayer, voilà tout !

— Il a réussi, mon beau-père, répliqua Polduc gravement : nous avons vous et moi une horrible peur... et il y a de quoi !

VII

PROFITS ET PERTES

L'intendant se redressa et prit un air fanfaron.

— Parlez pour vous, dit-il, quand vous parlez d'avoir peur.

Mais quand il vit que Polduc restait immobile devant lui, le front plissé, la tête penchée, sa figure montra, sous le savant badigeon qui la recouvrait, une expression d'inquiétude.

— Ce n'est pas cet homme qui m'effraie, dit-il, c'est vous !

— Monsieur l'intendant, reprit Polduc avec une sorte de découragement, un grand écrivain de l'antiquité a dit cette sage parole : « Il est plus difficile de conserver que de conquérir. » Nous sommes riches ; vous, puissamment ; moi, suffisamment ; nous avons de beaux noms et d'honnêtes positions... Je ne sais pas si vous tenez à tout cela.

— Comment ! comment ! si j'y tiens ! s'écria Feydeau.

— Vous y tenez ? c'est très bien ; moi de même. En ce cas, jouons serré, croyez-moi, car tout cela peut nous glisser entre les doigts aujourd'hui.

— Allons donc ! vous exagérez le péril mon gendre !

— Et le jour où nous n'aurons plus tout cela, mon beau-père, nos têtes branleront sur nos épaules !

— Bon ! nous voilà décapités ! pourquoi pas pendus comme ce malotru l'a dit?

— Uniquement parce que vos propres déclarations nous ont faits gentilshommes... Quand le comte de Toulouse fut rappelé à Paris, il y a quinze ans souvenez-vous-en, beau-père, son regard allait s'ouvrir sur votre comptabilité. Celui-là n'est pas de ceux que l'on peut corrompre !

— Non, répliqua Achille-Musée, avec une fatuité qu'il faut renoncer à décrire, mais il nous revient marié, la belle Noailles est fille d'Ève, et je suis un serpent, mon gendre !

Polduc frappa du pied, la colère le prenait.

— Sur ma parole, s'écria-t-il, ceci passe les bornes ! Il y a des instants où j'ai envie de gagner le rivage tout seul, monsieur l'intendant, et de vous laisser barbotter au milieu de la mare... Voulez-vous être raisonnable, oui ou non, une fois en votre vie ?

— Là ! là ! monsieur le sénéchal ! Si les choses légères sont mon domaine, les affaires sérieuses me connaissent aussi. Tout le monde convient que j'aurais fait un adroit diplomate...J'ouvre mon avis : puisque vous craignez M. de Toulouse, voulez-vous que nous entrions franchement dans les vues de la cour d'Espagne ?

— Franchement ? répéta Polduc ; une conspiration ne se réchauffe pas plus qu'un bon dîner. Le va-tout de l'Espagne est joué et perdu !

— Voulez-vous que nous prenions parti pour M. de Montesquiou?

— Adorer le soleil couchant ? Jamais !

— Voulez-vous que nous dénoncions à M. de Toulouse ?...

— J'y ai songé ! mais on saisirait les papiers de l'Espagnol. Nous serions compromis.

— Diable ! diable ! fit l'intendant. Alors, dites ce que vous voulez.

— Je veux me barricader avec vous derrière vos écus, mon beau-père. Qu'y a-t-il autour de nous ? le gouverneur, les Loups de la forêt, l'Espagnol Martin Blas... Pour ce qui est du gouverneur, mesdemoiselles de Rohan-Polduc vont se rendre cette nuit à la fête du Présidial : J'ai sollicité pour elles, en votre nom l'honneur de présenter les clés de la ville à Son Altesse Sérénissime le comte de Toulouse.

— Nous ! les fidèles du maréchal Montesquiou ! murmura Feydeau, qui rougit sous son fard.

— Nous restons les fidèles du maréchal, répliqua Polduc ; mais nous devenons les fidèles du gouverneur : c'est tout simple. Quant aux Loups de la forêt, j'ai Yaumy qui m'a rendu aujourd'hui même un signalé service... et, à ce propos, il ne nous vient plus de fumée du côté du Pont-Joli...

— On aura éteint le feu, dit Achille-Musée.

Polduc se mit au balcon et posa sa main au-dessus de ses yeux en manière de garde-vue. Il jeta un long et attentif regard vers la forêt.

— Le feu s'est éteint de lui-même, fit-il froidement. Beau-père, je vous demanderai un petit subside : les

Loups sont pauvres et nous avons besoin de Yaumy.

— Plus tard, mon gendre, ma caisse est épuisée.

— Dieu me garde de vous presser ! pourvu que Yaumy ait son affaire demain matin cela suffira. Arrivons au seigneur Martin Blas. Au moment même où il nous a surpris par sa brusque entrée, j'allais vous faire le portrait moral de ce personnage. Avez-vous ouï parler de ces mendiants de Castille qui demandent l'aumône avec une escopette appuyée sur deux bâtons en croix et une mèche allumée ?

— Comment ! ce fier hidalgo ?...

— Tout le monde est fier en Espagne, même les mendiants... le seigneur Martin Blas est à vendre et cela vous regarde.

— S'il ne coûte pas cher...

— Il coûte cher, nous avons causé cette nuit. C'est un curieux personnage : Il se vante de n'avoir ni foi ni loi et de ne respecter quoi que ce soit au monde.

— Un esprit fort ?...

— Très-fort ! Un de ces fous, qui n'ont d'autre plaisir que la vengeance ! Un instant, j'ai cru... oui ! j'ai cru... mais vous savez comme je suis fait pour les ressemblances ? Ne me suis-je pas imaginé un soir que Valentine de Rohan se cachait sous le nom de la comtesse Isaure ?

L'intendant fit une grimace dédaigneuse.

— Valentine de Rohan n'était pas mal il y a quinze ans, répondit-il.

— C'est vrai dit Polduc : comme le temps passe ! il y a quinze ans ! Je vois partout des fantômes et je ne m'en plains pas. Cela force à se tenir sur ses gardes... Un instant donc, j'ai eu l'idée que le farouche Martin Blas n'était pas plus Espagnol que vous ou moi. Connaissiez-vous Morvan de Saint-Maugon, l'ancien ami et serviteur du comte de Toulouse, le mari de Valentine de Rohan ?

— Je l'avais vu sans doute, mais je n'ai nul souvenir...

— Eh ! eh ! fit le sénéchal en ricanant, c'est que vous ne mettiez pas la main à la pâte dans ce temps là. Savez-vous que j'ai risqué plus d'une fois quatre pouces de fer dans la poitrine en regardant ce mystère là de trop près ?... mais quinze ans écoulés ne permettent guère de reconnaître un visage. On a dit d'ailleurs que Morvan de Saint-Maugon était mort en l'an 1707, à la bataille d'Almanza. Mettons que ce ne soit pas lui, mais, suivant mon système, garons-nous comme si ce pouvait être lui... Et songeons que, si c'est lui, nous avons mieux qu'une bête féroce à lâcher contre Valentine de Rohan !

— Concluez, dit Feydeau.

— Je conclus. Il faut à cet homme-là beaucoup d'argent.

— On lui donnera ce qu'il faudra.

— A la bonne heure ! vous vous formez, beau-père.

— D'autant, poursuivit l'intendant, que je ne vois plus la nécessité d'envoyer au Régent...

— Au contraire ! s'écria Polduc. Ménageons ce qui nous entoure, c'est très bien, gorgeons nos Loups, c'est parfait, soyons généreux avec ce Martin Blas tant que la logique des événements ne lui aura pas mis la corde au cou, le bon sens nous le commande... mais envoyons des douceurs au Régent, mon beau-père ; Envoyons ! envoyons !

— Vous en parlez bien à votre aise, mon gendre. Faisons le compte. Les Loups...

— Avec cinquante mille écus vous en serez quitte.

— Et cet Espagnol ?

— Une centaine de mille livres... Songez que nous sommes entre ses mains. Aimez-vous mieux vous attaquer, comme il l'exige, au comte de Toulouse ?

— Non. Cela nous prend déjà deux cent cinquante mille livres. Maintenant, cinq cent mille livres au Régent...

— Six cent soixante-quinze mille livres, en comptant l'anti-chambre.

— Plus d'un million ! s'écria Feydeau.

— Pas beaucoup plus.

— Mon gendre, c'est trop, je ne puis.

Polduc lui prit la main et la serra fortement.

— Écoutez, beau-père, dit-il en baissant la voix tout à coup, vous risquez plus que moi, car j'ai moins que vous.. Ne marchandez pas la tête qui est sur vos épaules !

Feydeau ne put s'empêcher de frissonner ; il sentait la main du sénéchal toute froide entre les siennes.

— Me cachez-vous quelque chose, mon gendre ? balbutia-t-il.

— Je ne vous cache rien, répliqua Polduc, mais suis-je bien sûr de tout voir ? Il y a autour de nous je ne sais quelle mystérieuse et terrible menace. C'est la crise. Je sens cela et je ne peux pas vous l'expliquer : La crise qui sauve ou qui tue !

Achille-Musée voyait des gouttes de sueur perler sous les cheveux de son gendre.

— Vous êtes pâle comme un mort ! balbutia-t-il, gagné par l'épouvante contagieuse ; jamais je ne vous ai entendu parler ainsi !

Polduc essaya de sourire

— J'ai l'oreille et l'œil à tout vent, reprit-il ; je m'agite, je n'ai de repos ni le jour ni la nuit, Dieu merci ! mais le chemin est glissant... glissant ! on a beau se tenir ferme, on peut perdre l'équilibre. Philippe d'Orléans est encore le maître, Paris est encore l'asile suprême en cas de malheur : Envoyons, beau-père, envoyons !

— Envoyons tout de suite ! s'écria Feydeau, convaincu cette fois ; en définitive, ce sera la province de Bretagne qui paiera. Faites équiper vivement un de vos gens.

— Un de mes gens, non ! L'Espagnol a passé 24 heures ici.

— C'est juste... Avez-vous un autre messager !

Le sénéchal agita une sonnette.

— Introduisez ce jeune garçon qui attend dans le

vestibule, commanda-t-il au domestique qui entra.

Le valet sortit. Achille-Musée se leva.

— Ces dames doivent déplorer mon absence, dit-il en rétablissant devant une glace la symétrie de sa coiffure ; je vous laisse arranger tout cela.

Polduc l'arrêta au moment où il se dirigeait vers la porte :

— Demeurez, je vous prie, mon cher beau-père, répliqua-t-il.

— Pourquoi faire ?

Polduc le conduisait jusqu'au sofa.

— Asseyez-vous dit-il ; dans ces sortes d'opérations, j'aime à garder mes amis près de moi. Cela ne me dégage pas, c'est vrai, mais cela les engage. S'il vous plaît, asseyez-vous.

Achille-Musée prit place sur le sofa de mauvaise grâce. A ce moment la porte s'ouvrit et notre ami Magloire parut sur le seuil.

— C'est bon, maraud ! cria-t-il derrière lui au domestique qui l'avait amené ; a-t-on jamais vu ! ce drôle m'appelle son ami comme si j'étais un pied-plat de sa sorte ! Au large, faquin ! et n'oublie pas le respect, si tu tiens à tes oreilles !

Achille-Musée mit le binocle à l'œil, Polduc lui-même se retourna pour examiner le nouvel arrivant. Magloire avait complètement renouvelé son costume. Il portait un pourpoint un peu mûr, mais taillé à la mode des gentilshommes. Sa veste était trop étroite pour lui et sa culotte trop longue, mais il avait débraillé si galamment sa chemise à jabot, qui n'était plus de la première blancheur, que vous l'eussiez pris en vérité pour un jeune comédien de province, jouant les Clitandres à Béziers ou à Pontivy. Il était coiffé à la tempête, et son chapeau, négligemment jeté sous le bras, laissait pendre une ganse de demi-aune.

Qu'avait-il fait, ce Magloire, de sa culotte blanche, de son vestaquin blanc, de sa jaquette blanche et de son bonnet blanc ? Nous devons déclarer que ces candides vêtements lui allaient bien mieux, mais ce n'était pas du tout son avis. Il se trouvait superbe et ne touchait plus terre.

Il fit quelques pas, les pieds en dehors, la main au jabot, le poing sur la hanche, et dit en regardant son monde en face ;

— Bonjour, monsieur l'intendant ; serviteur, monsieur le sénéchal. Ça va-t-il comme vous voulez ?

VIII.

L'INTERROGATOIRE

Le beau-père et le gendre se prirent à rire tous deux. Magloire fit de même et ôta son feutre de dessous son bras pour s'éventer.

— Moi, ça vá bien, dit-il cependant avant qu'on eût répondu à sa question ; vous êtes bien honnêtes !

— Ah çà ! grommela l'intendant, où diable avez-vous pêché cet olibrius ?

— Le fait est, répondit Polduc, qu'il a une mine impayable !

— Ne vous dérangez pas, reprit Magloire. Ces demoiselles vont bien ? Allons ! tant mieux ! tant mieux !

Son regard rencontra une glace où son image se reflétait de la tête aux pieds. Y compris les pieds et la tête, toute sa personne était grotesque. Il pensa :

— Que ne donneraient-ils pas, ces deux barbons, pour avoir ma tournure ! Je t'en souhaite ! avec tout leur or mal acquis, ils ne pourraient recouvrer les attraits de ma jeunesse. V'là ce qui les taquine !

— Vous cherchez de l'emploi ? demanda le sénéchal.

Magloire mit le nez au vent, changea son chapeau de bras et fit une pirouette.

— Comment avez-vous deviné ça ? répondit-il ; c'est positif, pour le moment, je désire utiliser mes talents et me faire une position. Il est temps : j'en ai l'âge et les capacités.

— C'est un innocent, murmura Feydeau à l'oreille de son gendre.

— Nous n'avons pas besoin d'un aigle, répliqua tout bas celui-ci.

Et tout haut :

— Que savez-vous faire, mon brave ?

— En voici encore un qui est famillier ! pensa Magloire : de l'aplomb ! ou ma carrière est manquée !

— Ma foi ! monseigneur, répondit-il d'une voix de stentor, je sais faire pis que pendre. Voilà la chose. Pis que pendre ! sans ça, vous sentez bien que je n'aurais pas osé me présenter devant vous.

— Hein ? fit Achille-Musée, qui crut avoir mal entendu ; que dit-il ?

— Pis que pendre ! répéta pour la troisième fois Magloire, qui relevait fièrement la tête.

Puis avec un sourire d'ineffable bêtise :

— Vous êtes des roués tous deux, on dit ça. Il vous faut un gaillard à trois poils ! Je suis votre affaire. Vous chercheriez longtemps avant de trouver un coquin de ma force !

— Il n'en a pas l'air ! fit observer Achille-Musée.

— La mine trompe quelquefois, murmura Polduc.

Magloire regarda l'intendant d'un air irrité.

— Pas l'air d'un coquin, moi ! se récria-t-il ; mon bonhomme, vous ne vous y connaissez pas ! C'est les plus rusés qui font mine de ne pas faire semblant. Je cache mon jeu ; c'est donc maladroit, ça ? Mais, à l'intérieur de mon âme, je suis aussi vicieux que vous !

Feydeau et Polduc se regardèrent. L'intendant avait envie de se fâcher. Magloire se dit :

— Je leur donne dans l'œil !

— Renvoyez-moi cet oiseau-là, mon gendre, dit Achille-Musée.

— Je m'en garderais bien ! répondit Polduc ; c'est une trouvaille !

Feydeau resta stupéfait. Magloire poursuivit avec chaleur :

— Des preuves, en voulez-vous ? Savez-vous ? quelles canailleries j'ai faites malgré mon âge encore bien tendre ? Primo, d'abord, j'ai abandonné Sidonie.

— Ah bah ! fit l'intendant.

Le sénéchal se pencha à son oreille :

— C'est notre homme ! dit-il.

— Parce qu'il a abandonné Sidonie ? demanda Feydau.

— Parce que personne ne pourra croire sérieusement que nous ayons choisi un instrument pareil.

— Quant à cela, c'est probable, mais si l'outil n'est bon à rien ?

— Qu'est-ce que c'est Sidonie, mon bon garçon ? demanda le sénéchal.

Achille-Musée atteignit sa boîte d'or ; Magloire y

plongea impudemment ses deux doigts en disant à l'intendant scandalisé :

— Je n'en fais pas habitude, mais quand on m'en offre...

Il éternua et reprit d'un accent plein d'emphase:

— Loin des cours, des palais brillants, où la mauvaise conduite respire dans les lambris dorés de l'opulence, vivait une jeune personne dont l'innocence n'était égalée que par sa candeur. Elle avait nom Sidonie, dont je tais sous silence son autre nom de famille par respect pour son oncle où j'étais apprenti. Vous pouvez-vous vanter qu'elle était bien connue dans le quartier, celle-là, pour être honnête, sobre et boulangère. Eh bien ! je lui ai parlé pour le mariage, et la veille de la noce, j'ai pris la clé des champs... Est-ce fort ?

Achille-Musée bailla, mais Polduc dit, comme s'il eut voulu prolonger la comédie :

— Vous êtes un jeune scélérat !

— N'est-ce pas ? n'est-ce pas ? s'écria Magloire enchanté, vous êtes forcés de me rendre justice ! et, en passant, vous trouvez que je m'exprime assez gentiment, pas vrai ? Ce n'est pas tout, j'ai fait mieux ! Connaissez-vous M. Raoul ?

— Pas que je sache, dit Polduc qui devenait très-attentif.

— Un blond, grand, bien fait, comme moi... voyez ! ses habits me vont !

— Ses habits ! répéta Polduc.

— Oui, ses habits ! Ce Raoul était mon maître, je l'ai chassé sans pitié !

— Ah çà ! mon gendre, dit sévèrement Achille-Musée, jusques à quand enfin !..

— Ce jeune M. Raoul, interrompit le sénéchal, ne demeurait-il pas en face de l'hôtel Feydeau ?

— Dans une mansarde de six écus par an, oui, monseigneur, à côté de chez nous. Il y avait du temps que je souhaitais un habit de gentilhomme. Celui-ci est râpé, c'est vrai, mais à défaut d'un meilleur, je l'ai essayé pendant que mon maître dormait...

— Et tu l'as volé ?

— Comme vous voyez, monseigneur.

— Et après ? demanda Polduc.

— Est-ce que vous trouvez que ce n'est pas assez ? dit tristement Magloire.

Polduc fit un signe à Feydeau et s'écria :

— Je trouve que tu as eu grand tort, mon garçon,

de venir me raconter ceci, à moi qui mets les voleurs en prison !

— Et à moi qui palpe les amendes ! ajouta l'intendant royal, oh ! le sot !

— Est-ce que vous croyez que vous allez me faire peur, vous autres ? dit Magloire, persuadé qu'on lui faisait subir une sorte d'examen avant de lui donner son diplôme de roué.

— Silence ! commanda Polduc rudement.

— Voyons ! voyons ! mes bons messieurs, reprit Magloire, je suis jeune; ayez de l'indulgence. Je ne peux pas encore être aussi fort que vous, en fait de coquineries...

— Délibérons, monsieur l'intendant, s'il vous plaît ? dit Polduc d'un ton grave.

— Délibérons, monsieur le sénéchal.

Magloire fut pris enfin d'inquiétude.

— Écoutez ! fit-il ; on dit dans Rennes que vous êtes deux damnés vauriens, mes bons maîtres ! que vous ne croyez ni à Dieu ni au diable ! que vous prenez de toutes mains...

— Insolent ! s'écrièrent à la fois le beau-père et le gendre, piqués au vif cette fois.

Magloire pensa :

— C'est singulier, ça n'a pas l'air de leur faire plaisir qu'on leur dise qu'ils sont des coquins !

— Mes bons maîtres ! continua-t-il d'un accent suppliant, je voudrais prendre de vos leçons ! Mon patron disait, en parlant de vous : Voilà des compères qui savent s'y prendre ; il n'y a de hôtes que les honnêtes gens !

Entre Feydeau et Polduc la délibération était commencée. Auparavant ils avaient échangé quelques mots à voix basse.

— Ce garçon me paraît extrêmement dangereux, opina Polduc.

— Dangereux au suprême degré, répartit Achille Musée, *ad gradum supremum* !

Pour le coup Magloire pâlit.

— Ah ! mes chers seigneurs ! s'écria-t-il avec détresse, est-ce qu'on m'aurait trompé ?... Est-ce que vous seriez par hasard des braves gens ?

— Mon avis, poursuivit le sénéchal, est qu'il faut faire un exemple.

— *Exemplum facere*, traduisit Achille-Musée.

Magloire se mit à genoux et cria en pleurant :

— Grâce ! grâce ! Je vous ai menti mes bons juges !... Je n'ai pas demandé Sidonie en mariage, elle est la nièce du patron, je n'aurais obtenu que des soufflets. Je me suis vanté mes bons seigneurs. Je mais je ne lui ai parlé. Tout ce que j'en ai dit, c'était pour me faire bien venir de vous !

Polduc adressa un signe d'intelligence à l'intendant et reprit :

— Et l'affaire des habits

— Encore une hablerie, répondit Magloire ; mon maître m'a donné ses habits, tout uniment. Ah! Seigneur Dieu ! Voler les habits de M. Raoul ! Mais il m'aurait rompu les côtes ; je le connais allez !

— Vous ne lui savez point d'autre nom que Raoul? demanda Polduc.

— Non, mon juge.

— Quel est son métier ?

— Il n'a pas de métier.

— Quelles sont ses ressources?

— Je ne lui connais pas de ressources.

— N'est-il pas follement épris d'une jeune fille qui sert mesdemoiselles de Rohan !

— La Cendrillon... Oui, mon juge.

— Pour vous donner ses habits, il s'en est donc procuré d'autres ?

— Ah ! mon juge, il y en a qui ont du bonheur ! Raoul est depuis ce matin cornette dans le régiment de Conti...

— Officier ! ce Raoul ! s'écria Feydeau.

Polduc murmura à son oreille :

— Que vous disais-je !

Magloire acheva :

— Il est venu hier consulter la Meunière. Il a eu une amulette... Le voilà hors de peine !

Polduc l'éloigna d'un geste impérieux et dit à voix basse :

— Ceci peut-être pour nous un coup de partie, mon beau-père.

— En quoi, s'il vous plaît, mon gendre ?

— Voyons ! fit Polduc avec quelque impatience, où est notre péril ? Qui nous force à trembler devant le premier venu ? qui nous contraint de louvoyer sans cesse et de ménager, comme on dit, la chèvre et le chou ? C'est l'existence du fils de César, n'est-ce pas, et l'existence de la fille de Valentine ? Sans cette double et vivante menace, nous lèverions la tête, nous romprions en visière franchement et hautement à toutes ces intrigues qui ne sont bonnes que pour les commençants... nous serions inattaquables, en un mot.

— La conclusion ?

Polduc se rapprocha encore.

— La voici, beau-père, dit-il si bas que l'intendant avait peine à l'entendre ; supposez que la fille de Valentine soit ici quelque part et le fils de César aussi. Supposons qu'ils se connaissent et qu'ils aient de l'attachement l'un pour l'autre. Il y a comme cela dans la réalité des bizarreries qui font pâlir les inventions des poètes... Supposons maintenant qu'on donne avis au jeune homme d'un danger que court la jeune fille : Un enlèvement par exemple. Que fera-t-il ?

— Il se lamentera.

— Un Rohan ! il prendra son épée et sautera en selle.

— C'est juste... ensuite ?

— Supposons, maintenant, que dans la nuit noire Yaumy se promène avec une douzaine de loups bien armés...

— Nous compromettre avec ce Yaumy !

Polduc sourit d'un air de supériorité.

— Fi donc ! beau-père ; le jeune homme porte l'uniforme des gens de France... Les Loups frappent les dragons de Conti tout naturellement comme le limier fond sur le chevreuil.

En ce moment on entendait des éclats de rire dans le corridor.

— Mesdemoiselles mes filles ! dit l'intendant qui se leva.

La porte s'ouvrit presque aussitôt, Agnès et Olympe Feydeau de Brou, dites mesdemoiselles de Rohan, firent leur entrée dans le boudoir.

IX

LES DEMOISELLES FEYDEAU

Agnès et Olympe étaient accompagnées de deux petites servantes.

— Nous venons reprendre possession de notre domaine, messieurs dit Agnès, une belle blonde à l'œil éveillé.

— Nous chassez-vous tout de suite ? demanda Polduc.

Olympe, désespérant d'être aussi dégagée que sa sœur, avait pris la spécialité langoureuse. Elle avait les cheveux chatains, la taille un peu épaisse et le teint de haute couleur.

— Nous n'avons plus qu'une heure pour faire toilette, dit-elle en traînant ses paroles, et cette Cendrillon est si maladroite !

— Puisqu'on nous donne congé, monsieur l'intendant, fit Polduc, qui avait hâte d'aller ailleurs continuer l'entretien, obéissons de bonne grâce.

Feydeau baisa les mains de ses filles :

— Je peux-ti m'en aller ? demanda en ce moment l'ancien fiancée de Sidonie.

— Qu'est-ce là ? s'écrièrent à la fois mademoiselle Agnès et mademoiselle Olympe qui ne l'avaient pas même aperçu.

— O mes belles demoiselles ! fit Magloire les larmes aux yeux, elle est la nièce de chez nous que vous y prenez vos gâteaux. Ayez pitié d'un pauvre malheureux égaré par son inclination, car c'est pour me faire une position susceptible de demander sa main que je me suis mis dans ma circonstance où je suis !

Les deux sœurs se regardaient en riant.

— Suivez-nous ! commanda Polduc.

Magloire joignit les mains, implorant du regard les deux sœurs. Quand il vit qu'il n'obtenait rien qu'un éclat de rire impitoyable, il se redressa.

— C'est bon ! dit-il, j'ai ma condamnation dans mon sac ! N'empêche qu'on dit ce qu'on dit dans le quartier. Les demoiselles Feydeau n'attendent pas à se marier pour changer de nom... à cause qu'elles attendraient longtemps ! attrape !

Il se précipita sur les pas de l'intendant, qui sortait le dernier. Du seuil il cria encore :

— V'là ce que c'est, mes belles demoiselles. On dit ça... en plus que vous avez beau faire les renchéries, tous nos jeunes messieurs regardent la robe de toile de je sais bien qui par dessus vos falbalas !

Il ferma la porte avec bruit. Agnès et Olympe, étaient rouges de colère.

— Mon beau-père, disait cependant Polduc dans le corridor, il faut que tout cela parte cette nuit : l'argent et la fillette !

— Et si les Loups attaquent l'escorte ? objecta Feydeau.

— Les Loups attaqueront, répondit Polduc, mais la fillette et l'argent ne seront pas dans le même panier.

Et sans s'expliquer davantage, il demanda :

— Où es-tu, petit ?

— Ici répliqua Magloire dans l'ombre : Pendez-moi, si vous voulez, mais je leur ai rivé leur clou, à ces deux là !

— Veux-tu devenir un homme d'importance ? reprit le sénéchal.

— Je veux bien, fit Magloire, ça m'est dû; mais quoi que vous me nommerez ?

— Courrier d'État.

— C'est-il beaucoup ?

— Presque autant qu'un ambassadeur.

— Combien qu'on gagne à être ambassadeur ?

— De quoi épouser Sidonie, repartit l'intendant qui vint se mêler à l'entretien.

Magloire se rengorgea.

— Savoir, fit-il avec un sourire finaud, si je voudrais encore d'elle quand j'aurai de quoi... Et que risque-t-on ?

— Rien.

— Alors, ça me va !

— Descends à l'office, reprit Polduc ; mange bien, bois mieux, couche-toi ensuite et fais une somme. On te réveillera quand il faudra entrer en fonctions.

———

Mademoiselle Agnès Feydean de Brou avait vingt-quatre ans ; sa sœur Olympe atteignait sa vingt-deuxième année. On se mariait alors de bonne heure. Agnès et Olympe étaient déjà presque des vieilles filles.

L'intendant de l'impôt était riche à millions et ses filles avaient quelque beauté, mais ceci ne suffisait point : le Breton, de sa nature, est fier comme deux Espagnols : mésalliance là-bas, vaut presque déchéance, et Achille-Musée n'était après tout qu'un traitant. Si peu considéré que fût Alain Polduc, son mariage avec l'aînée des Feydeau avait mécontenté toute la province, eu égard au titre de vicomte de Rohan qu'il portait!

Olympe et Agnès n'étaient point de méchantes personnes ; elles cherchaient des maris là où les maris se trouvent. Dans toute foule on était sûr de rencontrer Agnès et Olympe, toujours pompeusement parées, portant haut et armées de leur banal sourire.

Filles de cire : rien dans la tête, rien dans le cœur, des poupées jolies, bavardes, vaines, froides. Elles jalousaient la vraie noblesse au-dessus d'elles; au-dessous, elles écrasaient de leur mépris la bourgeoisie. Ajoutez à cela un bon fonds de médisance, de curiosité, de moquerie, beaucoup de hardiesse, point de religion, peu d'esprit et certain vernis d'instruction inutile recouvrant une épaisse couche d'ignorance, vous aurez un portrait assez ressemblant des deux demoiselles Feydeau.

Elles commandaient à quatre esclaves qui avaient là un dur métier. C'étaient d'abord Annette et Mariolle, les caméristes en titre ; c'était ensuite Céleste, surnommée Cendrillon, cette gracieuse fillette qui cueillait des bouquets de véroniques dans la prairie ; c'était enfin Mlle Zoé des Etangs du Ronceroy de Kerméléon, leur ancienne gouvernante, passée à l'état de dame de compagnie.

Zoé des Etangs du Ronceroy de Kerméléon était de bonne maison. Elle avait mission d'accompagner ces demoiselles. Figurez-vous une petite femme au visage terni, à la tournure pauvre, toujours vêtue de laine brune plus triste qu'un deuil. Agnès et Olympe la gardaient pour faire ombre au tableau de leur splendeur. A ce martyre, la pauvre Zoé gagnait juste de quoi ne point mourir. Sait-on pourquoi elles tiennent à vivre ?

En entrant dans le boudoir, Agnès lui dit d'un ton de protection :

— Allez, des Etangs, allez faire toilette ma bonne.

— Et tâchez, ajouta Olympe, de n'être pas trop ridicule, n'est-ce pas ?

Zoé gagna sa petite chambre, froide et sentant le renfermé. Elle tira du fin fond d'une armoire une fameuse robe de soie puce qu'on lui avait donnée à l'époque où feu l'aînée des démoiselles Feydeau avait eu son trousseau de noces. Zoé déplia respectueusement les serviettes munies de camphre, de poivre et de lavande, qui gardaient l'étoffe contre les vers, et commença sa toilette solitaire.

— Preste ! leste ! disait cependant mademoiselle Olympe à Mariolle

— Dépêchons-nous, Annette ! faisait en même temps mademoiselle Agnès.

Et toutes deux à la fois :

— Mais où donc est cette fainéante de Cendrillon ?

Cette fainéante de Cendrillon avait été chargée de grands préparatifs par chacune des sœurs, en cachette l'une de l'autre. Mlle Agnès espérait si bien, cette nuit, éclipser Mlle Olympe, et Mlle Olympe était si certaine d'écraser Mlle Agnès !

Annette et Mariolle entamèrent les préliminaires de la double toilette. Pendant qu'on coiffait ces demoiselles, il fut question de ce galant concours où la plus belle devait emporter l'honneur de présenter les clés de la ville au fils de Louis XIV. Tout en livrant leurs chevelures aux soins des filles de chambre, elles s'entr'examinaient à la dérobée. Agnès pensait : — Pauvre Olympe!... j'en suis fâchée pour elle...

Et Olympe se disait : — Pauvre Agnès! peut-on s'aveugler ainsi!

Ceci sans préjudice d'un flux de reproches, adressés à la gaucherie des rustiques caméristes. Olympe et Agnès étaient de détestable humeur. Ce nigaud de Magloire avait touché juste dans sa colère ; l'orgueil des demoiselles Feydeau était à vif de cette récente blessure. Il y avait longtemps que Cendrillon leur semblait trop belle.

— Je suis affreuse! s'écria Mlle Agnès la première en repoussant Mariolle.

— Je suis horrible! fit à son tour Mlle Olympe.

— Il nous faut Cendrillon! ajoutèrent-elles. Il n'y a qu'elle ici pour n'être qu'à moitié maladroite.

— La Céleste court la lande comme à son ordinaire, pardine! riposta Annette d'un ton piqué.

— Ou bien, ajouta Mariolle, elle monte et descend encore dans le grand escalier pour se faire remarquer.

— Qui donc remarque Cendrillon?

— Le petit boulanger vient de le dire, risqua Annette : c'est tout le monde.

— Et, fit Mariolle, pas plus tard que tout à l'heure, j'ai vu ce beau seigneur étranger...

— Don Martin Blas! interrompirent les deux sœurs à la fois.

— Oui, oui, répartit Mariolle, don Martin Blas, puisque c'est son nom, il était planté comme un mai au milieu de la première volée, et il regardait la Cendrillon qui montait en faisant ses grâces.

Olympe et Agnès eurent un éclat de gaîté forcée.

— Les grâces de mademoiselle Céleste! s'écrièrent-elles.

Puis Agnès ajouta gravement :

— L'effronterie de cette fille finira par nous compromettre.

A quoi Olympe répondit sans rire :

— On a tort de garder chez soi de pareils sujets!

Ce fut à ce moment que la gentille Céleste fit son entrée dans le boudoir des demoiselles Feydeau. Elle était très-pâle et semblait avoir peine à se soutenir. Son front et ses cheveux étaient mouillés de sueur.

— Pourquoi vous faites-vous attendre ainsi, paresseuse! dirent les deux sœurs du même ton aigre et plein de rancune.

— Ma robe est-elle finie? ajouta l'aînée.

— Mon corsage est-il prêt? fit la cadette.

— Et la broderie de mon jupon?

— Et ma guimpe de dentelles?

Tout en parlant, les deux filles de l'intendant se regardaient l'une l'autre d'un air qui n'avait rien d'amical. Figurez-vous deux camps ennemis qui démasquent tout-à-coup leurs batteries secrètes. Agnès avait donc une robe qu'Olympe ne connaissait pas? Olympe préparait donc tacitement un corsage? Et cette broderie de jupon? Et cette guimpe de dentelles?

Céleste arrivait avec une charge complète de chiffons.

— Ce que vous m'avez demandé est prêt, mesdemoiselles, répondit-elle.

Ses jambes tremblaient. Elle se laissa choir sur un fauteuil.

— Que veut dire ceci ! s'écria sévèrement Olympe; vous permettez-vous maintenant de prendre un siège en notre présence?

— Quand on est trop bon avec certaines gens... commença Mlle Agnès d'un ton sentencieux.

Les deux grosses cameristes chuchotaient.

Céleste essaya de se relever, mais elle retomba.

— Est-ce à force de monter et de descendre le grand escalier que vous êtes si essoufflée? demanda Mlle Olympe.

Annette et Mariolle, pour le coup, éclatèrent de rire.

Une larme roula sur la joue de Céleste:

— Mes bonnes demoiselles, dit-elle d'une voix entrecoupée par les soubressauts de son pauvre cœur, je ne sais pas de quoi vous voulez me parler. Il y avait une femme au monde qui m'avait dit de prendre courage et d'espérer, à moi que personne n'aime et que tout le monde repousse...

— La Sorcière, n'est-ce pas? interrompit Agnès; on la paie, cette créature, pour entendre ses sornettes. Depuis quand avez-vous de l'argent, ma fille?

— On ne la paiera plus! murmura Céleste au lieu de répondre.

Et parmi ses larmes, elle ajouta.

— Ah! je vous en supplie, laissez-moi pleurer celle qui m'a parlé de ma mère!

Il y avait un élan si touchant dans ce cri, que les deux grosses filles Annette et Mariette, furent tout étonnées de ne pouvoir plus rire.

— Sa mère! répéta Olympe en regardant Agnès. Celle-ci détourna la tête avec dédain.

— On leur fait accroire tout ce qu'on veut, dit-elle, à ces enfants trouvés!

Céleste entendit. Elle essuya ses yeux, mais elle devint plus pâle, et ne parla plus.

X

LE COUP DE FEU

Céleste défit le paquet contenant les chiffons préparés par elle. Alors ce fut un grand remue-ménage dans le boudoir. Les armoires ouvertes vomirent des flots de soie, de tulle et de velours. On mit une bergère au milieu de la chambre ; à droite de la bergère s'étendit le domaine de mademoiselle Olympe ; à gauche, le camp de mademoiselle Agnès.

Elles avaient certes beaucoup de chambres à leur disposition dans ce vaste manoir, et ce n'était point l'excès de leur mutuelle affection qui les portait à se coudoyer, presque à se gêner, dans l'œuvre importante de leur toilette, mais les deux sœurs simaient à se surveiller, à se juger. Chacune d'elles s'admirait d'un œil et raillait de l'autre sa chère sœur.

Annette et Mariolle commencèrent, chacune de son côté, leur difficile office. C'était le coup de feu. Ces demoiselles eurent mis en un clin d'œil leur garde-robe sens dessus dessous. Capricieuses, colères et manquant un peu de ce goût exquis auquel la beauté la plus parfaite sait emprunter des perfections nouvelles, les deux demoiselles Feydeau fourrageaient dans cet amas de chiffons, choisissant ceci, jetant cela, puis reprenant cela pour rejeter ceci, au gré de je ne sais quelle fantaisie aveugle qui prend toute vulgaire coquette une heure avant le bal.

Elles avaient la fièvre toutes les deux. Elles trouvaient moyen d'être à la fois méprisantes et jalouses.

Annette était accusée de lourdeur, Mariolle de gaucherie, et non sans raison ; mais on reprochait à Céleste sa maladresse, ce qui était souverainement injuste.

Une fée que cette Céleste ! Au milieu des outrages qui tombaient sur elle en averse, elle quittait mademoiselle Agnès pour prendre mademoiselle Olympe, réparant d'un tour de main une sottise d'Annette, corrigeant une faute de Mariolle. Et si vous l'eussiez vue, entre les deux pesantes caméristes et leurs maîtresses roidies déjà par le corset trop serré, alerte, vive, souriante maintenant parce que son travail l'occupait, donnant un tour léger aux cheveux d'Agnès, lâchant ce rang de perles qui jouait mal sur le front d'Olympe, drapant coquettement ce pli, replaçant cette fleur qui faisait grimace, rajustant, amendant, donnant à tout ce qu'elle touchait une grâce soudaine et inimitable, vous eussiez trouvé ces demoiselles trop heureuses d'avoir trouvé au fin fond de la campagne cette camériste sans rivale !

Ces demoiselles, pourtant, étaient fort loin de se montrer reconnaissantes, mais vous en eussiez deviné la raison d'un coup d'œil. Céleste, avec son petit bonnet rond, sa camisole et sa jupe de toile, faisait réellement trop de tort à la toilette des deux sœurs.

— Comme elle est plus jolie qu'Agnès! disait Olympe.

— Qu'Olympe paraît laide auprès d'elle! pensait Agnès.

Et, par ricochet, bien qu'elles ne voulussent point se l'avouer, Olympe et Agnès en arrivaient à détourner leurs yeux du miroir, pour n'y point trouver, derrière leurs figures empanachées, le radieux et simple visage de cette pauvre enfant de la forêt.

Tout a une fin, même la toilette de deux orgueilleuses. Mademoiselle Olympe et mademoiselle Agnès se plantèrent en même temps devant leurs miroirs respectifs, rabattant les plis de leurs robes et se jetant ce superbe et triomphant regard que toute femme envoie à sa psyché en guise d'adieu.

— Comment me trouvez-vous, Agnès? demanda Olympe.

— Et vous, Olympe? interrogea Agnès, comment me trouvez-vous?

Pour réponse, Olympe laissa tomber ce seul mot d'un ton demi-railleur :

— J'espère !

Et Agnès :

— Peste !

Ce fut tout. Traduise qui voudra.

— Ah dame ! ah dame ! fit tout haut Mariolle en s'adressant à sa collègue Annette, je ne les avais point encore vues jamais si reluisantes !

— Pour sûr et pour vrai, riposta Annette, c'est comme des soleils!

Céleste était debout et immobile, regardant son ouvrage avec un plaisir naïf, car c'était elle qui avait jeté sur l'ensemble de ces toilettes un parfum de bonne grâce et de beauté.

Où cette petite Céleste, demandera-t-on peut-être, avait-elle appris cette haute science du goût, si ardue et si malaisée? Elle n'avait rien appris. Le poète et le rossignol apprennent-ils à chanter? la fleur à embaumer, la jeunesse à charmer? Non. Tout cela *naît*. — Céleste était née comme les autres chefs-d'œuvre de Dieu.

— Vous verrez, dit Agnès en pinçant ses lèvres, que Cendrillon ne dira rien!

— Je crois bien, ajouta Olympe; l'envie l'étouffe, cette petite!

Céleste rougit, puis elle sourit. Pourquoi aurait-elle eu de l'envie? son sourire brillait bien autrement que toute cette soie aux chatoyants reflets, et que toutes ces roses et que toutes ces perles.

— Voyons, reprit Olympe, qui de nous deux remportera la pomme de beauté, ce soir? Qui de nous deux présentera les clés de la ville au comte de Toulouse.

Qui de nous deux, disait-elle, car elle ne supposait même pas que la victoire pût sortir de la famille.

— Pardine! fit Mariolle, camériste d'Olympe, ce sera vous M{ᵐᵉ} Olympe.

— Paquet! pensa Agnès.

Pendant cela, Annette, la chambrière d'Agnès, répondait :

— Ça sera vous, M{ᵐᵉ} Agnès, pardine!

Et Olympe de se dire :

— Paquet!

— Et quel est l'avis de M{ᵐᵉ} Céleste? demandèrent les Feydeau.

— Vous êtes toutes deux si belles! répondit Céleste.

Les chevaux piaffaient dans la cour d'honneur. Déjà plusieurs fois on était venu, de la part de M. le sénéchal et de M. l'intendant, annoncer que les carrosses étaient prêts.

Il y en avait trois pour les dames et les gens de poids. Les gentilshommes qui n'étaient point hors d'âge devaient monter à cheval.

Les dames n'abondaient pas. Sans les gens de poids, on n'aurait pu remplir les trois carrosses. En revanche, il y avait foule de cavaliers.

En thèse générale, remarquez ceci : l'argent suffit pour attirer les hommes. Les dames s'avisent parfois d'exiger autre chose. Le beau sexe était ici peu et mal représenté.

Il y avait une marquise de Bourgueil, un peu sujette à caution, trois conseillères et je ne sais quoi, pour tout potage.

C'était le contraire, en fait d'hommes. La noblesse avait besoin de Feydeau. Il n'est point de méchant tour qu'un intendant en colère ne pût jouer à un gentilhomme. Aussi, Montbourcher était là, Talhoët aussi et Guébriant, et Carheil et Derval, le descendant des ducs, et Kersauzon, le fils des rois saxons, et Huchet, aïeul du malheureux Labédoyère, et Bussy-Rabutin, et Chantal et d'autres, mais seuls et sans leurs femmes.

Quand un valet parut au haut du perron avec deux torches et annonça mesdemoiselles de Rohan-Polduc, tous ces gens se donnèrent la peine d'entrer en mouvement et firent fête. La marquise de Bourgueil s'élança pour embrasser ses chères belles.

Les trois conseillères battirent des mains et le reste s'extasia. Ces messieurs témoignèrent leur admiration à l'avenant. Puis mademoiselle Olympe et mademoiselle Agnès ayant pris place dans le premier carrosse, la caravane partit.

Il faisait nuit noire, mais Feydeau était un petit Fouquet. Il avait fait suspendre des lanternes, aux arbres de la forêt, et l'escorte courut ainsi trois lieues durant, au milieu d'une brillante illumination. Mariolle et Annette étaient du voyage ; la Cendrillon restait seule au château.

Elle était accoudée sur ce vieux balcon de pierre dont nous avons tant parlé qui dominait la vallée et faisait saillie sur les anciennes douves. Devant elle, la route qui conduisait à Rennes traçait dans la nuit un long et tortueux sillon de lumière. Elle entendit pendant quelques instants le joyeux bruit de la cavalcade dans la cour, puis la grille s'ouvrit avec fracas, et le cortége, tournant les bâtiments du Sud, parut, précédé par les porteurs de torches.

C'était beau. La pauvre petite Céleste soupirait en regardant ces fiers jeunes seigneurs qui caracolaient sur leurs chevaux ardents, et se penchaient avec galanterie aux portières ouvertes des carrosses.

— Ma mère était la fille d'un comte! pensait-elle.

Il faut bien le dire : ces splendeurs de la vie des heureux lui apparaissaient autrement aujourd'hui qu'hier. Jusqu'alors, elle avait admiré sans espoir ni envie. L'idée naissait en elle que ces joies eussent dû lui appartenir et qu'elle était faite pour ces magnificences. Ce soir, les mauvais traitements et les railleries des deux sœurs l'avaient blessée davantage. Elle ne gardait point rancune. Oh! certes, non, mais une tristesse inconnue persistait et lui serrait le cœur. Tandis qu'elle suivait de l'œil l'escorte qui allait déjà se perdant au lointain, Céleste rêvait comme jamais elle n'avait fait en sa vie, et cette pensée lui revenait malgré elle : « Ma mère était la fille d'un comte! »

La lumière des torches se confondit bientôt avec les illuminations de la route. Un bruit sourd, se prolongeant dans le silence du soir, annonça que la grille était refermée. Céleste restait immobile, toujours à la même place, mais sa rêverie avait changé d'objet. Elle songeait à sa mère, non plus pour se souvenir que sa mère était fille et femme de gentilhomme. Elle songeait à sa mère pour se la représenter bonne et belle, pleurant peut-être l'absence d'une fille chérie. Son cœur tressaillait d'amour, ses yeux s'inondaient de larmes. Oh! qu'elle n'enviait plus en ce moment ces demoiselles Feydeau qui n'avaient point de mère!

L'heure s'écoulait. Les lumières s'éteignaient peu à peu sur la route après le passage de la cavalcade. Céleste, suivant la pente de sa rêverie, était retournée à son point de départ. La pensée de sa mère l'avait ramenée à cette mystérieuse femme qui lui avait parlé de sa mère.

Chose horrible! les âmes charitables que les cris : Au feu! avaient attirées vers le Pont-Joli, avaient assisté à la destruction du moulin sans pouvoir aucunement le secourir. Le moulin de la Fosse-aux-Loups était, comme nous l'avons dit, entouré d'un fouillis de broussailles dont une bonne moitié avait séché sur pied.

Voici ce qui s'était raconté à l'office du manoir de Rohan, devant Céleste elle-même, qui revenait portant son fardeau de chiffons. Dans la matinée, on avait vu des Loups sur le tertre. L'un d'eux était monté au sommet d'un grand châtaignier pour tâcher de reconnaître l'intérieur du moulin, qui n'avait pas de toiture. Un pâtour, caché dans les taillis, avait entendu cet homme dire aux autres : « Ils y sont ! » Puis un instant après : « Ils dorment. »

Le pâtour n'avait pu voir le visage de cet homme, mais il aurait juré que c'était le joli sabotier Yaumy, qui était venu l'an passé avec ses loups piller la ferme de son maître.

Quel qu'il fût, l'homme qui avait escaladé le grand vieux châtaignier descendit sans bruit. Il fit signe à ses hommes, qui traversèrent le tertre en rampant et s'engagèrent, au nombre d'une demi-douzaine, dans les broussailles. A son tour, le petit berger monta dans un arbre pour voir ce qu'ils allaient faire. Il les vit rouler silencieusement de grandes roches au seuil du moulin en ruines, et entasser sur les roches du bois mort et des broussailles desséchées. Puis le chef battit le briquet, et une légère spirale de fumée monta en tournoyant au-dessus de la tour.

Les Loups et Yaumy, le joli sabotier, étaient armés. Ils se cachèrent dans le fourré et attendirent. La spirale de fumée grossit. Des pétillements se firent entendre parmi les broussailles. Une lueur indécise parut, suivie d'un haut jet de flamme. A ce moment, les Loups, sans échanger une parole, se prirent à descendre, en rampant, la lèvre du ravin, sous l'arche de feuillage. Leur œuvre était consommée.

Un instant après, en effet, le moulin était entouré de flammes et les ruines de la tour disparaissaient au milieu de l'incendie.

Du sein de cet enfer, le petit pâtour, qui donna le premier l'alarme, entendit sortir un grand cri de femme, — un seul.

Ensuite une voix profonde s'éleva qui domina tous les autres bruits comme un tonnerre.

Cette voix prononça le nom de Philippe d'Orléans, régent de France, et l'appela par trois fois au combat...

XI

LA TOILETTE DE CENDRILLON

Là s'arrêtait le récit du petit pâtour, qui était parti en courant pour aller chercher de l'aide. Sur son chemin, d'autres enfants, prenant leurs sabots à la main, s'étaient joints à lui, criant avec lui : « Au feu ! chrétiens, au feu ! »

Quand les chrétiens arrivèrent, un brasier, entourait le moulin de la Fosse-aux-Loups. C'était le taillis qui brûlait, formant un rempart de flammes autour du premier incendie. Nul secours ne pouvait passer, à travers cette furieuse fournaise.

Le feu marcha tant qu'il trouva de l'aliment,

c'est-à-dire tant que dura le taillis qui masquait naguère les ruines. Quand la flamme tomba, on vit la vieille tour toujours debout, mais noire, calcinée et fendue de larges crevasses. Ceux qui osèrent y pénétrer reculèrent suffoqués et déclarèrent impossible, qu'une créature humaine eût pu garder sa vie en ce lieu.

Tel était le récit principal, la version authentique. Mais en Bretagne, le merveilleux se colle à tout événement tragique comme le lierre à l'arbre. Des gens affirmaient qu'au plus fort de l'incendie, et alors que la fumée brûlante, fouettée par le vent, aveuglait tous les regards, une forme blanche s'était montrée derrière la ruine incendiée. D'autres, allant plus loin, donnaient pour compagne à la forme blanche l'ombre d'un géant noir et semblable à une statue de fer. — Peut-être, disait-on déjà, l'âme de la Meunière et de son mystérieux compagnon.

Cela n'avait duré qu'un instant, pendant que la rafale couchait la fumée au ras du sol. La rafale passée, l'incendie s'était redressé tout couronné de flammes, et l'étrange vision avait disparu...

Céleste se mit à genoux et dit une prière pour

celle qui avait mis la main de Raoul dans sa main: ce fut la prière des morts.

La vallée était muette et sombre. Le vent froid des nuits passait en sifflant sur les toits de Rohan, après avoir arraché aux arbres de la forêt un sourd et large murmure. Les gens commis à la garde du château s'étaient mis au lit sans doute, car on n'entendait plus aucun bruit à l'intérieur. Vers l'orient les flocons de vapeurs légères moutonnant à l'horison commencèrent à blanchir; l'amas confus de constructions gothiques qui composait le manoir sortit peu à peu de l'obscurité. Les tourelles surgirent, portant des ombres profondes. Les vitraux, frappés par la lune qui montait par-dessus les taillis, renvoyèrent de blancs reflets.

Vous eussiez vu à ce moment le visage de Céleste, pensif, mais souriant. Les rêves tristes durent-ils longtemps à cet âge? Céleste, toujours accoudée contre son balcon de granit, avait fait comme la lune, qui, victorieuse, sortait d'un océan de nuages.

Elle n'avait pas revu Raoul depuis la visite de la Meunière. Et Raoul avait promis d'être ce soir au château de Rohan-Poldue. L'heure n'était plus d'entrer dans la demeure de M. le sénéchal. Depuis bien longtemps Céleste avait entendu fermer toutes les portes, et les grands chiens, détachés, secouaient par intervalles les grelots de leurs colliers dans les cours.

Une fois pourtant, Céleste crut ouïr le galop d'un cheval dans ce sentier montant qui menait de la vallée de Vesvres à l'oseraie. — Mais ce n'était pas le galop d'un cheval. A l'endroit où le sentier sortait des bruyères la lune envoyait un clair rayon. Le sentier sec et poudreux s'éclairait vivement parmi la pelouse sombre. Céleste, qui ouvrait de grands yeux et qui regardait tant qu'elle pouvait, eut une bizarre vision.

Ce fut sans doute un vague ressentiment du récit du pâtour et des effrois de l'incendie. Céleste vit — ou crut voir — deux fantômes glisser, tout noirs, sur ce coin blanc de la route : une femme dont la tête disparaissait sous l'ample capuchon des métayères de la forêt, un homme de grande taille, droit et raide, qui s'appuyait en marchant sur le pommeau d'une gigantesque épée.

Ils quittèrent tous deux le clair, Céleste ne rêvait pas pourtant! Elle vit s'agiter les cimes des roseaux, dans la douve, elle entendit bruire les tiges à un instant où le vent ne soufflait point.

Puis ce fut comme le bruit d'une clé dans la serrure de la poterne qui s'ouvrait sous le balcon...

Céleste se pencha, épouvantée, pour mieux voir. L'herbe croissait, haute et drue devant la poterne, qui, depuis bien des années, n'avait pas été ouverte, et le pied des murailles était solitaire aussi loin que le regard pouvait se porter.

— Je dors debout, pensa Céleste en rentrant dans le boudoir, et déjà rassurée par la brillante clarté des lampes qui avaient éclairé la toilette de mesdemoiselles Feydeau.

Mais une autre peur la prit. Elle se trouva en face de la besogne qui lui restait à faire cette nuit et poussa un gros soupir en voyant les monceaux de chiffons jetés en désordre dans le boudoir. Il fallait ranger tout cela avant de se mettre au lit, sans quoi, gare aux courroux de mademoiselle Agnès et de mademoiselle Olympe !

Il y en avait ! il y en avait ! Le contenu tout entier des armoires gisait sur le parquet. La pauvre Céleste joignit les mains, presque découragée. Elle commença pourtant sa besogne, pliant ceci, accrochant cela, et se hâtant de son mieux pour aller sagement se mettre au lit après avoir fait sa prière.

Je ne sais en vérité comment la chose arriva, mais il est certain que, tout en pliant, rangeant, accrochant, l'idée lui vint qu'elle serait bien gentille avec ces chiffons dédaignés. Elle tenait justement à la main une jupe de satin rose, recouverte de mousseline du Bengale : un vrai bijou de jupe qu'elle avait chiffonnée elle-même. Mademoiselle Agnès l'avait mise une fois, mais la fraîche étoffe avait bruni le teint de mademoiselle Agnès, qui s'en était prise à Cendrillon.

Céleste devint plus rose que la jupe de satin. Elle baissa les yeux et son sourire se fit espiègle. Elle hésita.

Mais sa main dénoua tout doucement le cordon de sa robe de toile.

Et Céleste était rouge ! Écoutez, il y avait de quoi. Ce n'était pas bien, ce qu'elle faisait là, et à son insu, le péché d'orgueil se glissait dans son petit cœur.

A la place de la robe bise, elle noua le jupon de

satin rose, dont les plis brillants se prirent à miroiter. Ah! ce n'était pas bien! Le pardessus vint, comme un nuage léger et gracieux, adoucir ces teintes trop éclatantes. Tout cela était trop large, mais Céleste ne pouvait être embarrassée pour si peu. Quand elle eut réduit la ceinture pour l'adapter à sa taille, elle glissa vers la glace un regard sournois. C'était mal.

Le plaisir pétilla dans ses yeux. Elle n'avait pas espéré se trouver si jolie. Va-t-elle donc devenir coquette. Les choses galopent sur ce chemin là.

Avec une si éblouissante jupe il faut un corsage assorti, et peut-on seulement songer à lacer un pareil corsage en gardant ses cheveux, fussent-ils les plus beaux du monde, en désordre sous un petit bonnet rond?

Le bonnet vola au plafond. Les cheveux libres tombèrent en boucles prodigues, Céleste les reprit à pleines mains, les tordit, les natta, ces admirables cheveux, toujours captifs jusqu'alors, et son front d'enfant eut une splendide couronne. Elle y enlaça, une branche de clématilles, prise au hasard dans ce fouillis de fleurs.

— Ah! se dit-elle en jetant un regard d'envie vers la boîte à poudre, il me manque cela!

La folle ! elle eut voulu ternir le noir émail de sa chevelure ! Elle mit du moins une mouche sous la pommette de sa joue si rose, puis une autre auprès de la fossette mignonne que le sourire creusait au coin de ses lèvres. Elle sauta de joie ! nous la gronderons tout à l'heure et bien fort.

— Au corsage, maintenant ! s'écria-t-elle.

Voici l'histoire de ce corsage, qui était en velours blanc, ruché de dentelles flamandes. Mademoiselle Olympe buvait matin et soir du vinaigre pur, afin d'amincir sa taille. Un empirique bas-breton lui avait en outre conseillé, dans ce but, l'extrait de chicorée. Au bout de trois mois, elle devait être diaphane comme la fée Diffo, qui passe de nuit sur les moissons du pays gallois, sans courber la tige tremblante des épis. Dans la prévision de ce résultat, mademoiselle Olympe avait commandé ce fameux corsage. Les trois mois étaient écoulés depuis longtemps, et le corsage demeurait trop étroit de moitié.

Voilà pourquoi le corsage restait à Cendrillon. Elle l'endossa sans efforts.

— C'est impossible ! pensait-elle, je me trompe... Je ne suis pas si jolie que cela !

Vous voyez !...

Or, il y a un dicton dans le pays de Rennes, qui affirme ceci : « Quand une fillette est seule, et qu'elle se regarde dans un miroir, elle voit le diable. »

En conscience si Céleste avait vu le diable en ce moment, elle n'aurait eu que ce qu'elle méritait :

Elle ne le vit pas, mais...

— Pan, pan, pan !

On frappait à la porte, c'était peut-être lui !

Céleste se sauva jusqu'à l'autre bout de la chambre, et joignit les mains pour demander pardon à Dieu.

— Qui est là ?
— C'est moi.

C'était une voix d'homme, de jeune homme. Si la pauvre enfant avait mal fait, elle était cruellement punie, car son effroi allait jusqu'à la détresse.

— Peut-on entrer? dit la voix.

Céleste ne répondit pas, et la voix reprit :

— Je suis bête, je n'ai qu'à tourner la bobinette...

Céleste, légère comme un oiseau, traversa la

chambre en deux bonds et tira le verrou au moment où le pêne grinçait dans la serrure.

— Ah ! par exemple, fit la voix, je n'ai point eu raison de parler, la v'la barricadée.

— Magloire ! pensa Céleste à qui le courage revenait tout d'un coup, non-seulement parce qu'elle avait reconnu le style et la voix du porteur de pain de l'hôtel Feydeau, mais encore parce que la porte était maintenant solidement close : que vient-il faire ici ?

— Faut m'ouvrir, disait en ce moment Magloire, si vous voulez avoir la lettre de l'officier... Mais peut-être que vous ne savez point lire !

— De l'officier ? répéta Céleste.

— Oui, apportée par un soldat à cheval.

Magloire avait dans le quartier de l'hôtel Feydeau réputation très bien établie d'innocence. Céleste n'écoutait déjà plus et se disait :

— J'ai hâte de reprendre une robe ! Il y a eu un moment où ces chiffons me brulaient ! Si Raoul était venu pour obéir à la Sorcière et qu'il m'eût trouvée ainsi, je crois que je serais morte de honte !

— Dites donc, la Cendrillon ! cria Magloire d'un ton piqué, ne faut point faire la fière avec moi, j'ai quitté de chez nous pour entrer dans le gouvernement apprenti d'ambassade, m'ouvrirez vous, oui ou non !

— Non, répondit Céleste, va-t-en, mon garçon.

— C'est que le soldat a dit que si je ne vous donnais point la lettre, il me casserait les reins. Ouvrez rien qu'un petit peu, je n'ai point envie de causer avec vous qui n'êtes que domestique... attendez! v'là la lettre entrée tout de même. Je l'ai glissée sous la porte et je vas reboire avec le soldat... n'empêche que vous n'avez point de politesse !

Céleste entendit son pas qui s'éloignait dans le corridor. Sa première idée fut de reprendre vitement ses habits de tous les jours, mais comme elle se penchait pour écouter et se bien assurer qu'il n'y avait plus personne à la porte, elle aperçut une moitié de lettre qui passait en effet entre le battant et le seuil.

Elle la prit en se demandant à laquelle des deux Feydeau ce message pouvait bien être adressé. Etait-ce à Mlle Olympe où à Mlle Agnès ?

Céleste savait lire, en dépit des doutes exprimés par Magloire. Au premier regard qu'elle laissa tomher sur l'enveloppe, elle vit son nom bien lisiblement tracé.

— Moi ! dit-elle stupéfaite : c'est pour moi !... un officier !

Elle rejeta la lettre sans éprouver même un mouvement de curiosité et porta ses mains à la première agrafe du fameux corsage, mais avant que l'agrafe fut lâchée, ses mains retombèrent et elle murmura :

— Si c'était de Raoul !

Quelle pitié ! Tout au plus Raoul pouvait être soldat depuis quelques heures. Même dans les contes qui se disent aux veillées de Bretagne, c'était trop peu de temps pour passer officier.

Céleste reprit la lettre, mais ce fut pour l'approcher de la flamme et la détruire, car elle se sentait entourée de méchants, et sans connaître rien du monde, elle devinait qu'un pareil message pouvait prêter à la calomnie.

Un coin de la lettre roussit, puis flamba.

— Si c'était de Raoul...

Vous savez, il n'y avait guère d'apparence, mais Céleste souffla sur l'enveloppe et l'ouvrit. Dès la première ligne un éblouissement lui passa devant les yeux. Elle avait lu ceci : « Mademoiselle Céleste, me voilà officier du roi, grâce à la Meunière... »

N'en pouvant croire son regard, elle courut à la signature qui était ainsi :

« RAOUL, cornette au régiment de Conti. »

XII

LE CORNETTE

La lettre poursuivait :

« .... Je vous demande bien pardon de vous écrire, mais je n'ai que vous à qui dire ce qui m'arrive, et il faut bien que je vous explique pourquoi je ne suis pas à cette heure au château de Rohan Polduc, comme je l'avais promis à la femme du moulin... »

— Il ne sait pas encore qu'elle est morte, pensa Céleste avec un gros soupir.

« A part cela, continuait la lettre, j'ai exécuté de

point en point tout ce que la brave sorcière m'avait commandé. Je me suis présenté chez M. de Rieux lieutenant-colonel de Conti, et je lui ai remis ma lettre de créance qu'il a lue en riant de tout son cœur; c'est un seigneur très-gai. Après avoir lu, il m'a toisé de la tête au pieds et j'ai entendu qu'il disait : « Ça fera un beau soldat... »

— Pour cela, oui, pensa Céleste.

«...Après quoi, disait encore la lettre. M. de Rieux m'a fait l'honneur de me tendre la main. Pensez si je tombais des nues. Il me secouait la main bonnement et il riait, et il parlait tout seul disant: « — Foi « de moi ! voici au moins une mine à porter le nom « d'un Breton de vieille roche! Celui-là, si on lui « met le fouet à la main, saura bien chasser les « croquants de la maison de son père ! »

«J'ai eu bonne envie de lui demander si c'était de moi qu'il parlait, mais il a sonné pour avoir du vin et m'a fait boire une tasse pour ma bienvenue. Chaque fois que j'allais l'interroger, il me donnait un grand coup sur l'épaule et me disait, en riant comme un bossu : « — Mon mignon, quand tu le « tiendras, le fouet, frappe fort et ferme et ne te « gêne point ! »

« Puis tout à coup, il a repris : — As-tu entendu
« parler, mon petit bonhomme, de ce serpent my-
« thologique qui avait tant d'ennemis et tant de
« têtes ? Je crois qu'il s'appelait l'hydre de Lerne
« La brave femme qui t'envoie a aussi beaucoup
« d'ennemis et beaucoup de têtes... trois ou quatre,
« sans compter celle qui lui sert à Paris... et toutes
« ces têtes là tiennent ferme sur ses épaules ! »

Céleste se frottait les yeux.

« Comprenez-vous cela, vous, Céleste ? demandait Raoul dans sa lettre. Moi, j'en étais tout étourdi. Cependant, j'ai réfléchi depuis ce matin trois fois plus que je ne l'avais fait en toute ma vie. Je suis bien sûr qu'il parlait de la Meunière ; elle et madame Isaure ont les mêmes desseins... Enfin, je voudrais gager que ces desseins se rapportent à nous deux... »

— Le fou ! se dit Céleste.

Mais pensait-elle bien ce qu'elle disait ?

« Je saurai si je me trompe, reprenait la lettre, ou si j'ai deviné juste. En attendant, j'ai foi en ma destinée puisque la volonté de Dieu l'unit à la vôtre, Céleste... Je servirai ceux qui vous aiment, jusqu'à la mort ; jusqu'à la mort, je combattrai leurs ennemis... Je vous entends me demander si je les connais ? Pas encore, quoique M. de Rieux ait prononcé trois noms, entre six éclats de rire. Ah! quel gai luron ; et comme il vide bravement son verre ! Il a nommé d'abord Rohan-Polduc, ensuite l'intendant Feydeau, et enfin un cavalier que le hasard a fait mon ami d'un jour, l'Espagnol don Martin Blas... »

Céleste resta pensive après avoir lu ces trois noms. Au bout d'un instant elle murmura :

— Le premier est l'homme dont je mange le pain, le second est le père des demoiselles que je sers, le troisième est ce beau seigneur qui m'a fait peur, ce soir, dans l'escalier à force de me regarder...

———

A l'âge où les deux demoiselles Feydeau commençaient à s'ennuyer de leur poupée et alors que feu madame la sénéchale, fille aînée de Feydeau, après deux ou trois années de mariage infécond, désespérait d'être mère, on trouva un soir, sous la maîtresse porte du manoir de Rohan, une petite fille endormie dans un berceau d'osier. On la recueillit. Elle était très-jolie et remplaça d'une manière avantageuse les poupées dont mademoiselle Agnès et mademoiselle Olympe ne voulaient plus. Ce fut à qui des deux aimerait le plus passionnément la petite fille. On délaissa pour elle le chien favori et même la chatte blanche.

La petite fille était Céleste. Vers ce temps, M⁰ᵉ la sénéchale, qui était une pauvre créature bonne, faible et souffrant déjà de la maladie qui la mit au tombeau, rencontra dans la forêt une femme inconnue qui lui dit :

— L'orpheline est la sûreté du château, souvenez vous de cela.

On commençait à parler des Loups. Josselin Guitan avait été vu dans les coupes de Saint-Aubin-du-Cormier. Les paysans disaient que Valentine de Rohan courait le pays, la nuit, déguisée en mendiante. Depuis quelque temps, dans les loges de la forêt, le mystérieux nom de la Louve avait été prononcé pour la première fois. Madame la sénéchale n'eut garde d'oublier. Tant qu'elle vécut Céleste fut heureuse.

On l'élevait auprès d'Agnès et d'Olympe comme si elle eût été leur jeune sœur. C'était la sénéchale qui lui avait donné ce nom de Céleste, car on n'avait trouvé aucune indication dans le berceau.

Céleste était si douce que les deux demoiselles Feydeau continuaient de l'aimer. Ce fut lorsqu'elle eut douze ou treize ans, l'année qui suivit la mort de la sénéchale, que son martyre commença. Les gentilshommes qui venaient au château la trouvaient charmante et le disaient. C'en fut assez pour la faire prendre en horreur par mademoiselle Agnès et mademoiselle Olympe.

En quelques mois, leur aversion fit des progrès si rapides qu'elles allèrent jusqu'à la frapper. Céleste résolut de s'enfuir, mais vers cette époque la conduite de ses deux tyrans changea quelque peu. Le sénéchal s'était interposé ouvertement.

Si le lecteur a souvenir de la dernière entrevue d'Alain Polduc avec son beau-père et de certaine lettre signée « Saint-Elme », mentionnée dans cette conversation, il devinera aisément le motif de l'intervention de M. le sénéchal. La lettre disait en effet quelque chose comme ceci : « Paris est loin, mais j'ai le bras long. » Polduc le savait bien. Depuis lors, Céleste ne fut plus maltraitée qu'en paroles. — Mais la haine des demoiselles Feydeau s'augmentait journellement de toutes les marques d'admiration prodiguées en leur présence même à la Cendrillon, comme elles l'appelaient.

Céleste faisait cependant de son mieux pour les fléchir ; elle oubliait les rebuffades et les sarcasmes d'aujourd'hui pour ne se souvenir que des caresses d'autrefois, et sa reconnaissance à l'égard de M. le sénéchal était aussi vive que sincère.

Rien, jusqu'à ces derniers temps, n'avait jeté la moindre lueur dans son esprit au sujet du secret de sa naissance. Elle se croyait la fille de quelque pauvre villageoise. Le premier doute qui naquit en elle vint de ce mystérieux baiser déposé sur son front par la belle comtesse Isaure.

Les paroles de la Meunière avaient changé ce doute en fièvre. Mais ce petit drame dont le prologue semblait si plein de promesses avait eu, ce jour-là même, son dénoûment triste et muet. La Meunière était morte, entraînant avec elle ce secret qu'elle était seule à connaître sans doute.

Voilà que maintenant Raoul venait lui apporter d'autres espoirs et d'autres notions, Raoul qui la veille était pour elle presque un étranger et que désormais, grâce à cette même pauvre femme décédée, Céleste aimait plus qu'un frère.

Elle voulait savoir. La lettre du nouveau cornette de Conti éveillait violemment sa curiosité sans la contenter, et pourtant elle restait là rêveuse et ne tournait point la page achevée.

Il y avait une phrase énigmatique qui lui revenait comme un refrain. Raoul avait parlé de la Meunière comme ayant quatre têtes.

— Quatre têtes ! pensait Céleste avec un superstitieux espoir : il faudrait donc la tuer quatre fois !... Et comment M. de Rieux a-t-il pu obéir à une mendiante qui se cachait dans une masure en ruines ?

Au bout d'un instant, elle reprit sa lecture.

« Après m'avoir forcé de boire à sa santé, M. de Rieux m'a demandé si je trouvais son vin bon et puis, s'étant levé de sa bergère il a daigné ma propre épée sans du tout m'en demander permission. « Cadet, m'a-t-il dit, sais-tu au moins te servir de cela ? — Assez bien, ai-je répondu. »

« Je n'ai pas cru devoir lui dire que mon vieil ami Bergaz m'a tenu quatre années en sa salle, et

je l'ai laissé éprouver mon épée sur le plancher.
«Voici la mienne là-bas» m'a-t-il dit tout à coup en
me montrant son épée pendue à la muraille, « décroche-la, cadet, nous allons voir! » J'ai obéi.
Avant même que je fusse en garde, il m'a détaché
une botte volante à la hauteur des yeux. J'ai paré
de pied ferme et si rudement qu'il a passé l'épée
dans la main gauche pour secouer ses doigts de la
droite qu'il avait tout engourdis.

« Et il riait, le digne homme, mais de si bon
cœur! « Tu t'appelles Raoul? me dit-il ; c'est un
nom de preux, palsembieu! Tu as une bonne poigne! » Sans faire semblant de rien, il m'a poussé
de la main gauche une seconde botte si vive, que je
me suis cru borgne pour le coup. J'ai paré encore
de mon mieux. L'épée a sauté hors de sa main.
« Ah! ah! foi de moi! a-t-il fait en se tenant les côtes,
quel joli petit seigneur! Ramasse-moi cela, cadet.
Tu es cornette de Conti : va-t'en acheter tes équipages. »

« Ce disant, il me tendait bien amicalement une
poignée de pièces d'or. Je lui ai répondu que j'avais un mandat sur le trésorier du régiment.

« Bon, bon! petit Raoul, s'est-il écrié en riant de

plus belle, tu es fier, tu en as le droit. Je te permets de m'appeler mon cousin. » Je croyais rêver, et, comme je me confondais en actions de grâces, M. de Rieux m'a pris la main et l'a serrée rondement. Il me regardait. J'ai cru un instant qu'il allait cesser de rire. Dans son regard il y avait comme une nuance d'émotion attendrie.

« Alors, j'ai demandé : « Qu'ai-je à faire pour le service du roi? »

« — Quand tu seras équipé, Raoul, mon neveu, m'a-t-il répondu, je te charge spécialement de te promener dans les rues de Rennes. Ce soir, tu viendras me dire le temps qu'il a fait... Attends! j'allais oublier! Ne manque pas de passer au revers des Lices, sous le balcon de la comtesse Isaure.

« Il m'a salué de la main, et je suis sorti. J'étais comme ivre. Le trésorier du régiment m'a compté mille écus. Une heure après, j'avais mon uniforme, et je me promenais à cheval par la ville pour le service du roi. Par obéissance, j'ai passé et repassé sous les fenêtres de madame Isaure ; mais elle était absente. C'est seulement sur le tard, et au moment où le soleil allait se coucher, que j'ai vu de loin venir son carrosse. Je me suis approché elle m'a souri. Il n'y a que vous au monde, Céleste, pour être plus belle que la comtesse, et il y a des moments où je trouve que vous lui ressemblez... «Salut, cornette?» m'a-t-elle dit. Une demi douzaine de gentilshommes accompagnaient son carrosse. Elle m'a fait signe de venir tout contre la portière, et m'a dit : « Ce soir, au château ! N'oubliez pas que vous avez promis ! » Et comme je m'inclinais respectueusement, voulant dire que je n'avais garde d'oublier, elle a ajouté : « Cette nuit, au bal du gouvernement... j'ai à vous parler ! » Elle a rentré sa tête dans son carrosse, et je suis allé dire à mon colonel le résultat de ma journée.

« — Neveu, s'est-il écrié en me voyant. Je sais le temps qu'il fait. As-tu bonne envie de commencer ta besogne? — J'en brûle d'impatience, mon colonel! — Eh bien! Raoul, tu vas entrer en fonctions tout de suite. Je te confie le commandement du poste de nuit des portes Mordelaises. On craint quelque chose. »

«J'ai été sur le point de lui avouer le rendez-vous de la Meunière que venait de me rappeler la comtesse Isaure mais, ce secret était-il à moi? D'ailleurs plusieurs gentilshommes sont entrés en ce moment, et M. de

Rieux m'a donné la main en me disant : « Va t'en, neveu. » Et il a ajouté pour les autres : « Messieurs, voici un maréchal de France en herbe et qui ne sera pas le premier de son nom ! » Au moment où je sortais, tout le monde demandait : Quel nom a ce jeune gentilhomme?...

« Vers sept heures, j'ai pris le commandement de l'escouade préposée à la garde des portes Mordelaises ; j'entendais mon beau cheval piaffer dans la cour et je me disais qu'en moins d'une heure il pouvait me porter près de vous ; mais j'avais encore dans l'oreille le mot de M. de Rieux : « On craint quelque chose. » Faisant donc contre fortune bon cœur, je me suis mis à une table et j'ai écrit cette longue lettre pour vous dire ce que j'aurais tant aimé vous conter de vive voix. Un soldat va partir à franc étrier, pour vous la porter ; vous me plaindrez avant une heure... »

Il y avait ce post-scriptum : « Au moment de clore ma lettre, j'entends M. de Rieux qui demande à haute voix : « Le cornette Raoul est-il à son poste? » Et il ajoute en parlant à l'officier, mon camarade : « il est invité au bal de M. de Conti de Toulouse... » Ah ! ce n'est pas cette fête que je désirais ; là bas, je vous aurais vue et peut-être que le mystère qui commence à me rendre fou aurait soulevé un coin de son voile...

La lettre s'échappa des mains de Céleste qui pensait :

— Que d'énigmes, en effet !.. Mais celle qui avait donné le rendez-vous et qui pouvait éclairer cette nuit étrange n'est plus de ce monde ! Je ne l'avais vue qu'une fois et elle me faisait peur... ah ! je ne savais pas que je la regretterais comme ma meilleure amie...

Un instant, elle demeura absorbée ; ses yeux étaient humides et ses mains jointes. Au mouvement de ses lèvres vous auriez vu qu'elle priait pour la morte.

XIII

LA FÉE

Mais la tristesse des enfants est fugitive comme ces ombres que les nuages d'avril font passer sur le soleil. Au bout de quelques instants un sourire perça sous les larmes de Céleste. Elle s'était assise pour faire sa lecture dans le fauteuil de Mlle Olympe et ne songeait plus à reprendre son costume de Cendrillon, car, depuis bien longtemps déjà, elle avait oublié la toilette qu'elle portait. Onze heures de nuit sonnèrent à l'horloge du manoir. La pensée de Céleste avait bien changé de route, et tout d'un coup, elle se dit :

— Le bal est commencé... Jamais je ne verrai de bal.

Et voilà pourquoi elle souriait, c'est qu'elle ajoutait en elle même :

— Au moins, la vraie Cendrillon allait au bal!

En ce moment son regard se tourna vers la psyché qui lui renvoya son image, éblouissante de parure et de beauté.

Elle se mit à rire tout à fait pour le coup, et je pense que son péché fut expié plus qu'à demi par ce rire qui était franc et bien exempt de regret.

— J'étais pourtant tout habillée, fit-elle. Raoul y sera. On lui dira peut-être son vrai nom... Mon Dieu, je ne vous demande pas de connaître le mien, mais accordez-moi la grâce d'embrasser ma mère...

— C'est égal, ajouta-t-elle en détournant son regard de la glace, il ne manquait que le carrosse et la fée!

L'auteur immortel (malgré Boileau) du conte de Cendrillon n'avait point fait de son héroïne une petite paysanne. Notre Cendrillon, à nous, deuxième du nom, n'était point non plus fille des champs. Elle demeurait à Rennes l'hiver avec ses maîtresses, l'été au château. Son unique travail était de faire belles mademoiselle Olympe et mademoiselle Agnès. A ce labeur le teint reste blanc, les mains ne se déforment point.

Il est vrai que Céleste portait des sabots ; mais ce bon bois de hêtre de la forêt de Rennes ne peut faire encore des mules aussi dures que la fameuse pantoufle de verre. Céleste était un vrai bijou avec sa toilette de grande dame.

Elle se leva et bailla, car elle avait sommeil. L'éventail oublié de Mlle Agnès était auprès d'elle sur un guéridon. Elle le prit et le déplia en imitant le geste de la plus jeune des Feydeau qui jamais n'y aurait su mettre tant de grâce.

— Il me manquait encore cela! dit-elle. Raoul écrit de belles lettres, et j'aime bien ce M. de Rieux qui rit toujours...

Elle jeta l'éventail et reprit :

— Allons, Cendrillon ! Au lit, ma fille ! Tu rêveras peut-être du carrosse et de la fée...

Elle s'arrêta bouche béante à écouter. Un roulement sourd et des pas de chevaux arrivaient du chemin pierreux qui passait au delà de la douve. Céleste retenait son souffle. Il n'y avait pas à se méprendre sur la nature de ce bruit qui cessa au bout d'un moment.

Céleste fit un pas vers le balcon, mais elle n'eut point le temps de l'atteindre. Une porte dont elle ne connaissait pas l'existence s'ouvrit au plein d'un panneau et une femme en capuchon vêtue exactement comme l'était, la veille au soir, la mystérieuse Meunière du moulin de la Fosse-aux-Loups, parut sur le seuil.

Céleste recula comme à la vue d'un fantôme. La femme dont le visage disparaissait sous son capuce de bure dit à quelqu'un qui venait derrière elle, mais qu'on ne voyait point encore :

— Entrez, M. le vicomte.

Ét Raoul qui ne portait déjà point trop mal, au goût de Céleste, son brillant uniforme de cornette de Conti, passa le seuil à son tour.

— Ma fille, dit alors la Meunière (ou son ombre) à Céleste qui se croyait le jouet d'un rêve, voici la fée... le carrosse est en bas ; venez, on a besoin de vous au bal de M. le comte de Toulouse. Cornette, éclairez-nous !

Elle repassa la porte, précédée par Raoul qui tenait un flambeau. Céleste les suivit ; malgré son trouble, elle put remarquer qu'ils prenaient un chemin par où elle n'avait jamais passé. C'était un escalier qui semblait descendre en terre. Ils traversèrent une salle humide et froide. Une grille tourna sur ses gonds rouillés, et Céleste se trouva devant un carrosse aux armes de Rohan, attelé de quatre magnifiques chevaux.

La Meunière la fit monter dans le carrosse et prit place auprès d'elle. Puis elle mit une paire de pistolets dans les mains de Raoul en disant d'un ton de commandement :

— Vous galoperez auprès de la portière, vicomte. La forêt n'est pas bonne cette nuit.

Et au cocher :

— A Rennes, au palais du gouvernement. Ventre à terre !

DEUXIÈME PARTIE

LA COMTESSE MAURE

1

AVENTURES DE NUIT

Après le départ de Céleste, le boudoir des demoiselles Feydeau resta vide. Quand le carrosse contenant la Meunière et sa jeune compagne fut arrivé au bas du coteau, la Meunière se pencha hors de la portière et jeta un regard vers le château.

— Pousse tes chevaux, Josselin! cria-t-elle au cocher; il était temps!

Le cocher allongea une couple de vigoureux coups de fouet à son équipage. Le carrosse allait comme le vent et suivait cette route naguère illuminée où la cavalcade avait passé. Raoul, cependant, avait imité la Meunière. Le manoir de Rohan élevait presque à pic au-dessus de l'endroit où ils étaient sa masse noire festonnée de tours pointues, qui se détachait durement sur l'azur laiteux du ciel où la lune montait. Une seule fenêtre restait éclairée dans toute l'étendue de la sombre façade : c'était la croisée du boudoir.

Raoul crut distinguer des ombres mouvantes qui se détachaient en silhouette sur le balcon, au-devant de la fenêtre.

— Avez-vous vu, madame? demanda-t-il en se penchant vers la portière.

— Veille en avant de toi, l'ami, répondit la femme au capuchon de bure ; le danger n'est plus par derrière.

La route allait en descendant jusqu'au Gué-la-Vache, situé dans la Vallée, au centre d'une petite plaine, moitié lande, moitié guérêts, où ne poussaient que de rares pommiers. La forêt était en-deçà et au-delà : c'était comme une vaste clairière. Le Gué-la-Vache servait au passage des charrettes et des bestiaux. De là au Pont-Joli on comptait une demi-lieue de pays.

Comme on commençait d'apercevoir l'élargissement de la rivière qui marquait le gué, Raoul revint à la portière et dit d'une voix étouffée.

— Voyez !

Son doigt étendu montrait une prairie, à droite du gué, qui s'en allait rejoindre les taillis du côté de la Fosse-aux-Loups. La lune éclairait là de ses rayons vagues un spectacle véritablement fantastique. Un paysan de la Basse-Bretagne se serait cru à la nuit de la Toussaint, où pas une tombe ne reste close dans les cimetières, et où la procession des trépassés, immense, interminable, déroule ses anneaux muets sur la lande, apportant la pierre mystique qui augmente chaque année le nombre des men-hirs de Carnac.

Mais ceux qui ont vu le cortége des spectres par une nuit de la Toussaint, disent que tous ces morts bien alignés ont leur suaire blanc sur les épaules. Au contraire, la procession que Raoul voyait était comme une armée de noirs démons allant à la débandade. Leur marche faisait un bruit sourd et ils ne parlaient point.

— J'ai vu, répondit la Meunière. Il y a du temps que je vois.

Céleste se rejeta tout au fond du carrosse. Elle entendit que la Meunière lui disait :

— Ne crains rien, tant que tu es près de moi, chérie.

Cette voix allait au cœur de Céleste. Dix fois elle avait voulu demander par quel miracle la Meunière avait échappé à l'incendie du moulin. Elle n'osait pas.

Cependant l'étrange procession qui coupait en zig-zag la prairie avait, de son côté, aperçu le carrosse. La tête pressa le pas, et un large cercle se forma tout à coup autour du gué. Il n'y eut pas un cri. Ce silence menaçait.

— Ami Raoul, dit la Meunière, il faut parlementer...

— A coups de pistolet, morbleu ! interrompit le jeune cornette ; fiez-vous à moi, bonne dame ; je casserai les deux premières têtes, et mon épée fera le reste !

— Je ne dis pas que cela soit impossible, répliqua la Meunière ; mais les pères de ceux-là qui sont devant toi ont servi tes aïeux. Pousse en avant et demande-leur s'ils veulent donner passage au carrosse de Rohan.

Raoul obéit et Dieu sait qu'il pensait bien plus à ce qu'on lui disait de ses pères qu'au danger présent.

— Bonnes gens, cria-t-il de loin, laissez passer, je vous prie, le carrosse de Rohan.

— Comment t'appelles-tu, pantin de France ? demanda insolemment un gars trapu et mal tourné qui semblait le chef de la bande.

Raoul était maintenant assez près pour distinguer l'habillement et la tournure de ces nocturnes voyageurs. C'étaient les Loups, il n'y avait pas à en douter. L'uniforme général était la peau de bique et le masque de fourrure.

— Le nom importe peu, répondit le jeune officier ; ce carrosse est à Rohan, le voulez-vous laisser passer ?

— Et si ce n'était pas notre idée ? demanda encore le chef.

Raoul le vit ramener en avant sa carabine, qui était en bandoulière, et il entendit le tic-tac d'une batterie qu'on arme. Mais le Loup n'eut pas le temps de mettre en joue. Un cri particulier, et que les gens des villes n'ont jamais entendu, s'éleva dans le silence de la nuit : Un cri qui contrefaisait admirablement cet aboi lamentable, appartenant au loup d'Europe et au chacal africain.

— La paix, Yaumy! firent plusieurs voix. Ceux-ci sont des nôtres.

— Et qui me commande ici! s'écria le joli sabotier en frappant rudement la terre de la crosse de son mousquet, est-ce donc si difficile que d'apprendre à hurler comme un loup? Je veux voir ce qu'il y a dans ce carrosse !

Le carrosse avait continué d'avancer, il n'était plus qu'à quelques pas.

— Regardez les armoiries, dit Raoul.

Pendant qu'on parlementait ainsi, la queue de la procession arrivait et se massait. Il y avait autour du gué une véritable armée. Le joli sabotier se mit au-devant des chevaux, qui s'arrêtèrent.

— Place ! dit le cocher, tu fais là de triste besogne, cousin Yaumy !

— Place ! répéta Raoul en s'élançant, l'épée haute, sur le chef des Loups.

Mais la foule s'était déjà pressée autour de lui. Un vigoureux gars sauta sur la croupe de son cheval et le saisit à bras-le-corps.

A la voix du cocher, le joli sabotier avait reculé d'un pas. Il remit sa carabine sur l'épaule.

— Fallait parler, Josse, ma vieille, dit-il ; j'aurais été bien fâché de te mettre une balle dans le corps.

Ce fut un grand cri dans la cohue, quand on entendit ce nom ; tous crièrent :

— Josse ! maître Josselin ! le fils à dame Michon Guitan ! Le voilà revenu !

Et mille voix demandèrent :

— Avez-vous retrouvé notre bonne demoiselle à Paris, maître Josselin ?

— Nous parlerons de ceci une autre fois, mes amis, répondit le cocher ; faites place !

— Faites place ! répéta Yaumy, puisque c'est l'idée de Josse.

Point n'était besoin de cet ordre. Les Loups se rangèrent de bon gré, formant deux longues haies des deux côtés du gué. Si quelques-uns s'approchèrent de trop près, ce fut pour essayer de toucher la main du fils de la Michon.

Le voyageur Julot, celui qui avait découvert Paris, se démenait comme un diable pour prouver qu'il avait familiarité avec maître Josselin. Il fit tomber rudement à terre le bon gars qui s'était hissé en croupe derrière Raoul, et celui-ci, libre, piqua des deux pour se reporter en avant du carrosse. Le cousin Yaumy poussa la courtoisie jusqu'à faire la conduite à maître Josselin entre les deux rangées de Loups.

— Depuis quand, mon vrai ami, lui dit-il tout bas, portes-tu la livrée du sénéchal ?

— Depuis que le sénéchal et toi vous faites une paire de compagnons, répliqua Josselin.

— J'ai vu une femme là-dedans, reprit Yaumy ; est-ce que notre bonne demoiselle va danser au bal de Toulouse ?

— Notre bonne demoiselle est trop loin pour que tu la puisses trahir, cousin, répondit le cocher. Quant à celle qui est là-dedans, tu n'oserais pas la regarder en face !

— Voire ! s'écria le joli sabotier ; nous avons deviné, mon homme !... tu mènes la comtesse de Toulouse, la femme de M. le gouverneur, grand bien te fasse ! Mais garde-toi seulement d'un grand diable à peau basanée qui chevauche aussi sur la route cette nuit, et qui a nom don Martin Blas.

— Merci ! dit une voix par la portière.

Le joli sabotier s'arrêta court et chancela sur ses jambes comme si on lui avait porté un coup à la tête. Puis il se redressa et bondit à la portière. Il vit ce sombre capuchon qui cachait toujours le visage de la Meunière. Et la voix reprit :

— Tu n'as pas gagné le prix du sang, Yaumy, c'est à recommencer !

Ceux qui étaient autour de Yaumy le soutinrent, sans cela il fut tombé à la renverse. Le cocher toucha ses chevaux, qui reprirent le galop, précédés par Raoul, tandis que les derniers Loups criaient encore !

— Bon voyage, maître Josselin, et à vous revoir vite :

Les curieux qui interrogèrent le cousin Yaumy sur la cause de ce malaise subit qui l'avait pris en furent pour leurs peines.

Au fond du carrosse, la pauvre Céleste, demi-morte de peur, n'osait point rouvrir les yeux.

— Le danger est passé, chérie, lui dit la Meunière en la baisant ; ne songe plus à cela et remercie Dieu. Cette nuit, tu verras ta mère !

Les Loups traversèrent la prairie et firent halte sur la lisière du bois, qui reprenait à deux cents pas de là pour ne finir qu'aux portes de Rennes. Il existe encore, à l'extrémité de la promenade du Thabor, devant le Jardin des Plantes de la capitale bretonne, un chêne géant que quatre hommes ne pourraient ceinturer. La tradition prétend que, du temps du roi Louis XV, ce chêne marquait l'extrême lisière de la forêt de Rennes. Maintenant il faut faire trois grandes lieues, en partant du Thabor, pour arriver aux premières tailles.

Yaumy appela près de lui une douzaine d'hommes qui ne le quittaient guère et qui étaient en quelque sorte ses gardes-du-corps. Il s'était servi d'eux déjà dans la journée pour son expédition contre le moulin de la Fosse-aux-Loups, que le reste de la bande ignorait. C'étaient des coquins sans foi ni loi.

— Les gars, dit-il au gros de l'armée, nous poussons un petit peu en avant pour reconnaître la route. Ne vous mettez pas en marche avant que je sois revenu.

Il prit en effet, avec ses drôles, la direction de Rennes, mais, au bout de cinq minutes, il tourna brusquement et s'enfonça dans le fourré.

— A la course, mes bellots ! s'écria-t-il ; si nous

arrivons à temps, chacun de nous rapportera sa pleine charge d'écus !

Les charbonniers du pays rennais ont encore aujourd'hui la coutume de laisser paître leurs petits chevaux en liberté dans la clairière. C'est une espèce chétive en apparence, qui ne ressemble pas plus aux belles races chevalines que le roquet ne ressemble au dogue robuste ou au vaillant lévrier. On les voit aller par longues files dans les chemins, la tête basse, agitant tristement la clochette fêlée qui pend à leur encolure étique et cherchant les cailloux pour butter contre. Mais, quand on les bat ferme, il vont. Yaumy et ses douze pairs rentrèrent dans la prairie par un autre point, enfourchèrent chacun un bidet et partirent au galop. Ils avaient eu soin d'arracher les clochettes.

Ils remontèrent ainsi la vallée de Vesvre, passèrent sans s'arrêter devant le manoir de Rohan, où ils prirent la route qui menait à Vitré, puis à la Gravelle, frontière de France.

Là, le joli sabotier fit mettre pied à terre à sa troupe et la posa en embuscade dans les roches de marbre gris dont le gisement donna un nom au château de Mme la Marquise de Sévigné.

LE SOUPER DE MAGLOIRE

C'était la nuit aux aventures, et il faut bien que nous expliquions cette vision de Raoul et de la Meunière qui, en se retournant, avaient cru apercevoir sur le fond éclairé du boudoir des demoiselles Feydeau des ombres noires et mouvantes. La Meunière et Raoul ne s'étaient point trompés.

Ce gentilhomme d'Espagne qui se jetait si résolument au travers des intrigues bretonnes, le seigneur Martin Blas n'était pas, à ce qu'il paraît, sans avoir des serviteurs. A son retour en ville, en effet, Martin Blas envoya son valet à l'auberge du *Cygne-de-la-Croix*, située dans la rue Nantaise, hors des murs, et quelques instants après son valet lui ramena six braves, parlant le français des Pyrénées et découplés comme de vrais montagnards. Martin Blas s'enferma en leur compagnie. Vers la brune, on les vit partir à cheval par le chemin de la Croix-Rouge, qui conduisait en forêt. Les instructions à eux données par Martin Blas peuvent se résumer ainsi :

— Le carrosse de Mme la comtesse de Toulouse, venant de Paris, n'a que six hommes d'escorte, que vous mettrez bas à brûle-pourpoint. Quant au manoir où se trouve la fillette, il est sans défense aucune, et la moindre échelle vous portera sur le balcon... Madame la comtesse de Toulouse et la jeune fille doivent être traitées avec une égale courtoisie, mais sous aucun prétexte vous ne vous arrêterez en route avant d'avoir gagné Laval, où sont mes équipages. Je vous y rejoindrai dès demain, et alors en route pour l'Espagne ! Notre tâche sera achevée.

Nous dirons tout de suite que les estafiers de Martin Blas ne devaient point rencontrer la princesse, femme du gouverneur bien que son itinéraire naturel fût de passer par la forêt. Ce matin même, Beauvilliers, gentilhomme de Toulouse, qui la menait, avait reçu à Laval un billet signé : *La baronne de Saint-Elme.* Ce billet l'avertissait de se méfier et de se détourner de sa route, en conséquence de quoi Beauvilliers, sans rien dire à la princesse, prit à gauche en sortant de Laval et rejoignit la route d'Angers, par laquelle madame de Toulouse arriva en la ville de Rennes vers dix heures de nuit, au moment où le bal allait s'ouvrir. « Elle n'eut que le temps de faire toilette, » dit madame de la Roche-Aynard à la fin de sa lettre à Duclos, de l'Académie française.

Restait le manoir, où ils devaient trouver la fillette. Quelques minutes à peine après le fantastique départ de Céleste, les estafiers de Martin Bias escaladèrent en effet vaillamment le balcon, suivant l'ordre qu'ils avaient reçu. Ils trouvèrent quantité de chiffons en désordre, des boîtes à mouches, des pots à poudre, du rouge, du blanc, tout ce qu'il faut pour faire ce que beaucoup de gens appellent une femme, mais la femme manquait. Comme ils cherchaient en conscience, ils entendirent la porte qui donnait sur la cour intérieure s'ouvrir avec fracas et les roues d'une chaise sonnèrent sur le pavé de la cour. Les six estafiers avaient fait de leur mieux ; ils crurent sage de prendre la clé des champs.

Voici cependant pourquoi le manoir de Rohan

s'éveillait ainsi en sursaut après onze heures de nuit sonnées : En quittant M. l'intendant royal de l'impôt et M. le sénéchal, qui l'avaient nommé courrier d'État, notre ami Magloire fut conduit à l'office par un valet chargé de satisfaire abondamment tous ses désirs. On lui demanda ce qu'il voulait. Il voulait tout ce qui se peut manger, tout ce qu'il est possible de boire. Sur cette opinion manifestée avec franchise, le valet couvrit la table d'une multitude de viandes froides qui eussent amplement suffi au souper de dix hommes pourvus d'un appétit vulgaire.

Magloire s'assit et noua la serviette autour de son cou.

— Comment que vous vous appelez, vous ? demanda-t-il au valet, la bouche déjà pleine.

— Hervé, répondit celui-ci.

— C'est bon pour un domestique, fit observer Magloire ; moi, mon valet de chambre est gentilhomme... Me connaissez-vous, vous ?

— Non, fit Hervé.

— Eh bien ! je suis un jeune baron.

Hervé s'inclina et lui versa rasade. C'était un vieux coquin de valet, moisi dans les antichambres, retors et capable de tout. M. le sénéchal les aimait ainsi.

— Tu me plais, lui dit Magloire ; tu as une bonne figure de faquin. Quand je reviendrai, je chasserai mon gentilhomme et je te prendrai à sa place.

Hervé le remercia de tout cœur et emplit son verre.

— Quand je pense, s'écria Magloire en avalant d'un seul coup tout le blanc d'une aile de poularde, qu'on m'a pris aujourd'hui pour un garçon boulanger de Rennes. Il doit être bien tourné ce jeune drôle !... Écoute ici, maraud ! approche... encore... encore... Ne le dis pas : c'est moi qui étais le fiancé de Sidonie !

— Ah ! fit Hervé, c'est monsieur le baron qui était le fiancé ?

— Quel baron, coquin ? s'exclama Magloire, qui avait oublié sa dignité nouvelle ; je te dis que c'est moi, et non pas ton baron ! Sidonie est la fille unique d'un traitant, duc et président, par-dessus le marché, et même général... Verse à boire : ce petit cidre est gentillet.

— C'est du Champagne, monsieur le baron.

— Je te dis qu'il est gentillet, mais je suis habitué à en boire de meilleur.

Il commençait à voir un peu trouble, ce qui ne l'empêcha point de s'attaquer à un pâté de venaison, qui lui faisait face.

— On vit maigre un peu dans la maison de ton maître, déclara-t-il après avoir bondé son assiette. Si tu avais vu comme on se traitait chez mon noble père !... Verse à boire, j'étouffe.

Hervé ne demandait pas mieux.

Ce qu'il aimait du pâté, ce jeune et effronté Magloire, c'était la croûte, la croûte gaufrée profondément, fauve ou couleur d'or bruni dans les rainures et portant un léger coup de feu aux saillies. Après le pâté il voulut manger la croûte.

— Verse à boire !

La croûte y passa, mais ce fut le suprême effort. Magloire tomba en essayant d'avaler un gros morceau de tarte aux confitures. Il se mit à ronfler tout de suite.

Ceci se passait pendant que mesdemoiselles Feydeau étaient encore à leur toilette, une heure environ avant leur départ pour Rennes. Hervé, qui avait ses instructions, descendit à l'écurie, sella un cheval et galopa bientôt sur cette même route. Le but de son excursion était de trouver par la ville un jeune aventurier du nom de Raoul à qui M. le sénéchal voulait faire savoir adroitement que Céleste allait être enlevée cette nuit même en chaise de poste, et que ses ravisseurs passeraient à minuit dans les taillis de Saint-Julien, sous le château de M. l'indendant. Une autre estafette, expédiée également par M. le sénéchal, venait de partir pour la Fosse-aux-Loups avec une lettre pour le joli sabotier, contenant le pareil avis, plus l'ordre de mettre du plomb dans la tête de certain petit chevalier errant du nom de Raoul qui se mêlerait de défendre l'opprimée. Hervé trouva bien le logis de ce Raoul, une mansarde située en face de l'hôtel Feydeau, mais il n'y avait plus personne dans la mansarde et les gens de la maison ne surent lui dire autre chose, sinon qu'on avait rencontré dans la rue, ce jour-là, le jeune Raoul en grand uniforme de cornette du régiment de Conti. Hervé s'en alla alors prendre langue aux postes occupés par le régiment. Il parvint à apprendre que le nouveau cornette commandait aux portes Mordelaises et s'y rendit. Raoul venait justement de partir à cheval sur un ordre mystérieux apporté par un grand laquais à la livrée de la comtesse Isaure.

Hervé fut obligé de s'en revenir au manoir, car

sa besogne de cette nuit n'était point achevée. Il avait à mettre Céleste en chaise avec Magloire, le courrier d'État, et à les diriger tous deux sur Paris.

Ainsi Céleste était menacée à la fois, cette nuit, par Alain Polduc et par don Martin Blas. Nous connaissions déjà le lâche complot imaginé par le sénéchal pour faire disparaître du même coup les deux héritiers de Rohan ; peut-être apprendrons-nous bientôt les motifs assurément tout différents que pouvait avoir le beau cavalier d'Espagne pour enlever la pauvre petite Cendrillon.

Hervé ne devait pas plus réussir que les estafiers de Martin Blas, et pas n'est besoin de dire au lecteur pourquoi Hervé ne put mettre en chaise que Magloire, lequel, réveillé en sursaut et jeté dans la boîte roulante, se rendormit incontinent sur les coussins.

— Ce drôle est ivre-mort, dit Hervé aux palefreniers de Rohan. Dieu sait ce qui va advenir du dépôt qu'il emporte !

— Qu'y a-t-il donc dans la voiture ? demandèrent les autres valets.

Car Hervé avait eu soin de baisser les portières. Au lieu de répondre à cette question, il hocha la tête d'un air important et grommela entre ses dents :

— Ce sont les secrets de M. le sénéchal!

Quelques minutes après, tout le monde savait ou croyait savoir que la petite Céleste était dans la chaise, avec un envoi d'argent de M. l'intendant de l'impôt, à la garde de Magloire.

Magloire était ivre-mort, en effet, et bien plus que Hervé ne le croyait, car le soldat de Conti envoyé par Raoul pour porter sa lettre à Céleste, n'avait trouvé que lui, Magloire, à l'office, où il ronflait couché sous la table. Réveillé à coups de plats de sabre, le fiancé de Sidonie avait monté le message à Céleste dans le boudoir des demoiselles Feydeau, et était revenu boire avec le soldat.

Cependant la chaise qui devait tromper tout le monde, y compris Polduc, partit au grand trot avec deux hommes d'escorte à cheval. Voici ce qui arriva : Dans les taillis qui s'étendaient sous le château de Feydeau, à demi-heure de là, les deux hommes d'escorte furent tués à coups de fusil, ainsi que le cocher de la chaise. Une décharge avait éclaté sous le couvert. Yaumy et ses douze gardes-du-corps s'élancèrent hors de leur cachette. La chaise fut ouverte, fouillée, puis mise en pièces pour trouver les six cent mille écus de M. l'intendant.

Il n'y avait rien que Magloire à demi-mort de peur.

La capture de Magloire, courrier d'État, fut donc l'unique résultat de cette sanglante intrigue, si laborieusement ourdie par Polduc, laquelle intrigue devait le délivrer de tout tracas au sujet des héritiers de Rohan. Magloire, rossé d'importance, puis attaché en travers d'un cheval, fut conduit dans les souterrains de la Fosse-aux-Loups.

Ordinairement les villes historiques sont riches en monuments. Les édifices modernes de Rennes, on peut le dire, sont aussi malheureux que ses édifices anciens. C'est une bonne ménagère, toujours en déshabillé, qui ne veut point ou ne sait point s'embellir par la parure.

La capitale bretonne n'a rien qui parle de sa grandeur passée. Au-dedans, l'aspect est calme et riant ; rien ne ressort ; au-dehors, le paysage est petit, maigre, plat : un filet d'eau assez gracieux, tournant au milieu de vertes prairies, le tout borné par un horizon étroit sans être haut, et qui fait un mince cadre à un insignifiant tableau.

Et pourtant, à l'époque dont nous parlons, Rennes était peut-être, après Paris, la plus brillante ville du royaume, de même que la Bretagne était le gouvernement le plus important de la France divisée par provinces. On ne le donnait guère qu'à des princes, et, sous le règne de Mazarin, c'était la reine Anne d'Autriche, mère de Louis XIV, qui avait voulu le tenir elle-même. Le roi, majeur et reconnaissant envers le cardinal, voulut en investir son héritier, M. le duc de Mazarin. La reine refusa de s'en dessaisir, disant que c'était le plus beau joyau de sa couronne.

De tout temps ç'avait été un poste difficile. La Bretagne ne pouvait s'accoutumer à s'appeler France, et il y avait dans le petit peuple comme dans la bourgeoisie et la noblesse une vieille rancune contre Paris vainqueur. Mais depuis la mort du feu roi, les difficultés avaient augmenté de beaucoup. La noblesse, batailleuse et inquiète, s'indignait de la paix ; la bourgeoisie se révoltait contre l'impôt et le peuple recevait les collecteurs de tailles à coups de fourches. Rennes était le foyer permanent d'une petite Fronde où des intrigues, grosses comme le doigt, aboutissaient souvent à la violence.

Nous ne voulons pas même essayer de décrire la situation politique de cette société riche, noble et parfaitement élégante, qui ne savait pas elle-même bien au juste d'où le vent soufflait. Nous avons prononcé tout à l'heure le mot Fronde, il dit tout. La petite guerre civile de la minorité de Louis XIV ne fut pas plus touffue, plus emmêlée, plus inextricable que l'agitation de Rennes et de la Bretagne sous la régence de Philippe d'Orléans. Il y avait au moins une douzaine de partis. Les gens étaient de trois ou quatre partis à la fois. La conspiration de Cellamare, qui eût pu ouvrir une issue aux colères concentrées, aux hargneux mécontentements des gentilshommes terriens, n'avait jamais été accueillie qu'avec défiance par la noblesse des villes.

On intriguait, voilà le fait certain ; on se battait aussi à l'occasion ; l'état de révolte était à peu près déclaré, mais de plan ni de but, point. L'œuf de cette bête aveugle qu'on nomme la Révolution fut pondu dans cette bagarre.

M. de Toulouse, gouverneur de Bretagne, était appelé à réprimer cela. Peut-être ne pouvait-on mieux choisir le médecin chargé de tâter le pouls à une province en fièvre. Doux, calme, pieux, réfléchi, M. de Toulouse arrivait à Rennes avec des pensées de paix et de pardon.

Un autre que lui eût voulu plier brusquement la Bretagne à sa loi. La Bretagne ne plie pas, dit la vieille devise des comtes de Vertus ; elle casse, plutôt !

III

AVANT LE BAL

C'était à l'Hôtel-de-Ville, tout neuf, dans les salons du présidial, que la ville et le parlement donnaient au prince-gouverneur sa fête de bienvenue. Le lieutenant de roi avait frappé un impôt urbain pour suffire aux magnificences de ce bal, dont le retentissement devait aller jusqu'à la cour. Le prince était aimé. Les bourgeois s'étaient cotisés volontiers. Rennes eut ce soir-là comme un reflet des splendeurs du Louvre ou de Versailles.

Depuis le château de la Tour le-Bat, où le comte de Toulouse faisait sa demeure, jusqu'à l'entrée du présidial, à travers la place du Palais, la rue Royale, la rue d'Estrées et la place d'Armes, une route d'honneur avait été tracée entre deux rangs de pilastres, chargés de feuillage et de fleurs qui soutenaient de belles girandoles. Les maisons étaient illuminées et tendues de chaque côté de la voie. Le pavé disparaissait sous une couche épaisse de roses et de buis vert.

La garnison de Rennes faisait haie à droite et à gauche, attendant l'escorte, qui devait se composer de trois cents gentilshommes à cheval.

L'Hôtel-de-Ville, illuminé de bout en bout, avec le portrait du jeune roi Louis XV en transparent dans la niche qui est sous l'horloge, semblait un incendie. Sur la place, une forêt d'ifs en feu jetait des flots de lumière et de fumée. Derrière la haie des gardes de la lieutenance et de la prévôté, le populaire attendait, vêtu de ses habits de fête. C'était une foule énorme qui emplissait les trois places, descendait à la rivière par la Baudrairie et rejoignait des autres côtés l'église Saint-Sauveur, le Champ-Jacquet et la rue aux Foulons.

Ce populaire attendait depuis bien longtemps déjà au moment où nous traversons les places pour entrer au présidial, mais il était d'heureuse humeur, cette nuit, et, loin de se plaindre, il chantait, il riait, il bavardait, ne s'arrêtant que pour crier de temps à autre : Vive M. de Toulouse ! ou : Vive le roi ! Le nom du Régent ne se mêlait point à ces acclamations. L'année précédente, les gens de la Halle avaient arraché l'écriteau de la rue d'Orléans pour rendre à cette voie son ancien nom de Haute Baudrairie.

Le vestibule de l'hôtel, plein de laquais de ville, commandés par MM. les huissiers des États, avait des tapisseries de Flandres sur toutes les murailles, du velours à tous les piliers. Les fleurs y abondaient, ainsi que sur l'escalier, dont chaque degré semblait un petit parterre. Entre les pots de fleurs brûlaient des cassolettes à parfum.

Il y avait foule déjà dans les salons du présidial, bien quel le bal ne fût point encore ouvert. Les dames étaient placées depuis tantôt une grande heure, et les premiers dignitaires affectaient de causer vivement entre eux pour qu'on n'aperçut pas leur impatience.

Que la cohue d'en bas attendît, c'était bien, mais faire attendre M. le lieutenant de roi, un Coëtlogon! M. le président des États, un duc de Retz! M. le premier président du parlement, un d'Argentré! monseigneur l'évêque, un Noailles! et M. le sénéchal, et M. l'intendant pour le roi, et tant d'autres! Le royal père de M. de Toulouse avait dit pourtant que l'exactitude était la politesse des rois.

Contre cet axiôme si fier et si juste, M. de Toulouse n'avait d'autre excuse que d'être un simple gentilhomme.

Du reste, il n'y avait pas plus de mauvaise humeur en haut qu'en bas. C'étaient presque tous Bretons francisés, depuis Combourg, le fils du vieux ligueur, jusqu'à Chateaubriand, qui avait oublié son origine ducale. On faisait fête aux anciens partisans du comte de Toulouse, et tout ce qui pouvait se réclamer d'une parenté quelconque avec les Noailles levait la tête au-dessus du commun niveau. Madame la comtesse de Toulouse était une Noailles.

L'évêque avait une cour, le président des États aussi. Dans un coin, on apercevait M. le maréchal de Montesquiou, réduit à causer avec quelque hobereau de Morlaix ou de Hennebont. Et le hobereau était à la gêne.

La savante courtisanerie de nos temps républicains était déjà née depuis un siècle. Laporte raconte dans ses souvenirs que, lors de la disgrâce des deux reines, après l'exécution de Montmorency, les courtisans, passant dans la cour du château de Chantilly, où était Anne d'Autriche pour aller rendre leurs devoirs au roi Louis XIII et à M. le cardinal, n'osaient point lever les yeux vers les appartements de la reine, « de peur d'être obligés de la saluer. » Ne dirait-on pas un tableau de nos comédies politiques? — Mais par une étrange anomalie, on savait allier à cette platitude une hauteur de bon aloi et un courage à toute épreuve. Espérons que cela n'est point mort.

Au centre d'un cercle se trouvait l'Espagnol don Martin Blas, portant au cou le cordon de Ferdinand-le-Catholique, et costumé comme un prince. Achille-Musée papillonnait près des dames ; le sénéchal avait accaparé M. de Rieux, lieutenant-colonel du régiment de Conti, qui, ne démentant pas sa gaieté habituelle, lui riait au nez avec un entrain superbe.

Les deux demoiselles Feydeau, séparées par la robe noire de la pauvre Zoé des Étangs du Ronceroy de

Kerméléon, se tenaient droites, s'éventaient, bâillaient, tâchaient de se voir dans les glaces et faisaient de leur mieux pour attirer l'attention de ces messieurs. Elles s'ennuyaient à la mort et méritaient quelque prix d'honneur pour la constance qu'elles avaient à garder leurs sourires.

— Monsieur mon digne cousin, disait Alain Polduc à Rieux, qu'entends-je donc raconter de toutes parts? que ce poste vacant de cornette a été donné à un jeune inconnu...

— Hé! hé! fit de Rieux, n'ayez point souci, monsieur de Polduc, je connais ce jeune homme, il a une riposte de pied ferme, sous les armes, qui vous embrocherait comme un dindon... Que dit-on, s'il vous plaît, des Loups dans votre voisinage?

— Peu de bien, monsieur mon cousin. Avez-vous entendu parler de certaine virago qui se faisait appeler la Meunière?

— Hé! hé! certes, monsieur de Polduc... et vous?

— Toujours la même histoire, quand il s'agit des Loups, monsieur mon cousin... un meurtre!

Rieux tressaillit de la tête aux pieds et cessa de rire. Il saisit le bras de Polduc si violemment, que celui-ci poussa un cri étouffé.

— Si vous aviez fait cela, Polduc, dit-il entre ses dents serrées, sur mon Dieu, vous pourriez dicter votre testament !

Il tourna le dos, laissant le sénéchal livide et tout tremblant. On entendit la voix flûtée d'Achille-Musée qui disait aux dames :

— Quelques succès auprès d'un sexe aimable, une grande habitude de la prosodie française, du tact, la fréquentation assidue de la cour, tout cela doit diminuer votre étonnement, belles dames. Le roi me fit l'honneur de m'appeler et me dit : « Monsieur de Brou, me voulez-vous réciter votre dernier madrigal ? » Je fis des façons juste ce qu'il en fallait et je débutai ainsi :

Rieux avait gagné la porte, où il trouva La Grève d'Humières, capitaine de sa première compagnie.

— Je te donne cinq minutes pour avoir des nouvelles de la comtesse Isaure, neveu, lui dit-il : A cheval ! et crève-le !

Rieux appelait tous ses officiers ses neveux. La Grève était déjà au bas de l'escalier ; deux secondes après, il sautait en selle dans la rue de l'Horloge, que la foule heureusement n'encombrait point

— Oui, messieurs, prononçait cependant d'une

voix grave et sonore le seigneur Martin Blas au milieu de son cercle, j'ai eu l'honneur de m'entendre avec M. le cardinal. Du moment que l'Espagne ne pouvait plus compter sur l'appui des vaillants Bretons, tout était fini. Le roi mon maître ne voulait qu'une chose : sauvegarder la liberté du jeune roi de France...

Deux ou trois mains touchèrent timidement son épaule, puis se posèrent sur autant de bouches closes. Martin Blas chercha des yeux le sénéchal, qui lui envoya un rapide signe de tête. La conspiration espagnole était peut-être en train de se renouer dans ces magnifiques salles du présidial rennais.

— Quand j'eus achevé de réciter au roi ce faible et léger produit d'une muse, qui, accompagnée de moins de modestie, eût pu élever plus haut son vol, reprenait Achille-Musée en faisant tourner sa boîte d'or entre ses doigts surchargés de bagues, Sa Majesté se tourna vers M. de Racine, qui était à ses côtés et lui dit : « Qu'en pense Sophocle ? » M. de Racine fut toujours un peu jaloux de moi ; c'est le propre du *genus irritabile*. Je crois qu'il inclina la tête sans répondre tant il était molesté... Mais le roi me fit signe de la main et me dit : « Jusqu'au revoir, monsieur de Brou ; je ne rencontre pas souvent de versificateurs de votre force. »

Talhouët, frère du décapité de Nantes, entrait en ce moment. Il poussa droit à Montesquiou. Quelques paroles brèves furent échangées entre eux, puis le maréchal dit :

— Monsieur de Bonamour, je ne dois compte à personne de ce que j'ai fait par ordre et pour le service du roi.

C'était la quatrième rencontre que le maréchal de Montesquiou refusait ce soir. Chacun des quatre chevaliers de la mouche-à-miel, exécutés sous la tour du Bouffay avait trouvé ici un vengeur. Ce défi fut le dernier. Talhouët demanda à haute voix :

— M. de Toulouse a-t-il fait son entrée?

Et comme on lui eut répondu que non, il dit :

— Ce faisant, je ne manquerai donc point de respect à Son Altesse.

En même temps, il donna de son gant sur la joue de M. le maréchal et ils sortirent.

Cette noble et belle race des Talhouët avait du malheur. Avant que Rieux eût le temps de faire descendre les gardes, le chevalier et le maréchal avaient dégaîné sous la lanterne de la rue de l'Horloge. Talhouët tomba contre le mur avec un coup d'épée au travers du cœur. Le maréchal de Montesquiou rentra dans le bal, sombre et froid comme devant.

La Grève d'Humières revint et annonça à M. de Rieux que la comtesse Isaure était en son hôtel et toute prête à venir. Rieux retrouva son rire perdu. Il vint frapper sur l'épaule de Polduc et lui dit gaiement:

— Par la morbleu! cousin, tu t'étais vanté, tant mieux pour toi : tu l'as échappé belle!

— Je crois savoir mieux que personne, disait cependant Achille-Musée, répondant à une question de ces dames, pourquoi notre belle comtesse n'est point à son poste ; la noble Isaure a bien voulu me confier quelques secrets qu'on ne m'arracherait qu'avec ma vie...

— Et que ferait-on de ta vie, oncle Midas? demanda Rieux.

Personne ne souriait plus.

— Messieurs, annonça le lieutenant de roi, qui rentrait par une porte intérieure, l'absence de M. le gouverneur a une cause qui doit vous être expliquée. Son Altesse attendait madame la comtesse de Toulouse ce soir, et madame la comtesse de Toulouse n'arrive pas. On craint un accident

Don Martin Blas eut un orgueilleux sourire.

— Vos routes de Bretagne ne sont-elles donc point sûres? dit-il entre haut et bas.

Rieux avait les yeux sur lui.

— Neveu, dit-il au capitaine La Grève, tu vois bien ce bel homme-là? Ne le perds pas trop de vue. J'ai idée que nous aurons affaire à lui !

Son regard rencontra celui de Martin Blas, et il se mit à rire si bonnement que l'Espagnol fronça ses noirs sourcils, pensant qu'on se moquait de lui. Au moment où le lieutenant de roi prononçait le mot *accident* au sujet de madame de Toulouse, ce Martin Blas avait adressé deux œillades rapides à M. l'intendant et à M. le sénéchal. Tous les deux rabattirent précipitamment leurs paupières.

— Pour en revenir, reprenait Achille-Musée, à l'anecdote que je vous ai promise et qui date de ma jeunesse un peu orageuse, mademoiselle de Beaumesnil, nièce propre de M. de Colbert, avait laissé paraître quelque désir de partager ma fortune et mon nom...

Mais ces dames ne devaient point savoir aujourd'hui la fin de l'antique anecdote. Il s'éleva tout à coup un grand murmure dans les salons, puis un tel remue-ménage se fit, qu'on dut croire que la fâcheuse nouvelle apportée par M. le lieutenant do roi allait tout de suite subir un heureux démenti. A voir la foule, naguère si calme, se presser et se démener, les gentilshommes former la haie, les dames quitter leurs siéges et se hausser sur leurs pointes pour mieux voir, personne ne douta que le gouverneur et la princesse sa femme ne fissent leur entrée dans le vestibule.

On entendit même nombre de voix qui disaient :
— Leurs Altesses ! Leurs Altesses !

Une expression d'inquiétude et de curiosité se peignit sur le grave visage de Martin Blas, qui pourtant ne bougea point. L'intendant et le sénéchal, au contraire, se rapprochèrent de la porte. Les groupes qui obstruaient l'entrée principale s'ouvrirent à ce moment, et l'on vit entrer, non point M. le gouverneur avec la princesse, mais le duc de Retz, premier président des États de Bretagne, donnant la main à une femme royalement parée dont le visage disparaissait sous un loup de velours noir.

C'était alors la mode. Le masque était de mise partout, même chez le roi.

Du reste, l'entrée de Leurs Altesses n'aurait pu

produire un effet plus vif dans la noble assemblée que ne le fit l'apparition de cette femme. Elle devait être belle à miracle, car une expression d'envieux dépit vint assombrir à la fois tous les visages de ces dames. Ce qu'on voyait de sa personne excitait l'admiration. Sa chevelure blonde tombait en anneaux opulents sur ses épaules aux contours si purs qu'un les eût dits sculptés par un ciseau grec dans le marbre de Paros. Sa taille haute avait ces grâces majestueuses qu'on souhaiterait aux reines.

C'était la reine, en effet, la reine de beauté. Mille bouches prononcèrent le nom de la comtesse Isaure.

Derrière le duc de Retz, son cavalier, venaient La Meilleraie, Champlâtreux, fils du président Molé, les deux Laval de Montmorency, qui avaient suivi le prince, le marquis de Plœuc, grand seigneur bas breton, Goëzbriant, Malestroit, Châteaubourg, d'Andigné, Montméril, gentilshommes de Bretagne, Guitaut, courtisan de Paris, et Fosseuse, brigadier du roi, et Sancy, conseiller d'État, que sais-je? C'était la cour de la comtesse Isaure.

En passant auprès de M. de Rieux, elle lui présenta sa main, que le gai soldat baisa avec respect.

— Où est cet Espagnol? demanda-t-elle à voix basse.

Rieux, qui ne se gênait guère, le lui montra au doigt. M. le duc de Retz sentit le bras de la belle Isaure qui tressaillit sous le sien vivement. De son côté, don Martin Blas la dévorait des yeux.

La comtesse Isaure marcha droit à lui, et sa blanche main écarta l'intendant royal, dont l'importunité essayait de se mettre entre deux. Elle quitta la main de M. le duc de Retz et le remercia d'un sourire gracieux.

— On m'assure, dit-elle en abordant l'Espagnol, que le seigneur Martin Blas désire m'être présenté.

Martin Blas s'inclina profondément. Une pâleur plus mate couvrit le bronze de sa joue pendant qu'il répondait :

— Madame, j'ai fait cinq cents lieues pour cela.

IV

TÊTE-A-TÊTE

Ce seigneur Martin Blas ne laissait pas que d'occuper beaucoup l'assemblée. Des bruits divers couraient sur son compte. Ces dames le trouvaient beau cavalier. Les hommes s'étonnaient que sa première visite eût été pour le manoir de Rohan. Beaucoup pensaient que c'était un émissaire secret de la cour, chargé d'éclairer la conduite de M. de Toulouse. D'autres croyaient à cette fantastique qualité d'envoyé du roi d'Espagne.

A vrai dire, il n'est jamais impossible de juger les idées et les passions d'une époque avec les passions et les idées d'une autre époque. Cela change incessamment tout en restant toujours de même. Il y a en tous temps une sellette et quelque chose dessus qui s'appelle le gouvernement.

On respirait alors comme on respire aujourd'hui, c'est vraisemblable ; ce qui est plus certain c'est que l'on conspirait comme nous conspirons, depuis le matin jusqu'au soir. Et déjà chacun mettait avec beaucoup de soin la personne du roi en dehors et au-dessus de ces menées. La Révolution apprenait son état qui fut, qui est et qui sera de crier vive ceci ou vive cela, chaque fois qu'elle va assassiner cela ou ceci.

Ce qu'on voulait, nul n'en savait trop rien. Les Loups de la Forêt de Rennes étaient les plus sages de tous les conspirateurs de ce temps-là. Ils avaient un but précis et net, sinon très-élevé. Leur but était de payer le tabac moins cher et de ne plus solder l'impôt du sel. Assurément, ils étaient en cela bien au-dessus de la plupart des intrigants de haute volée.

Madame Isaure ayant congédié d'un geste son cortége d'honneur, accepta la main du seigneur Martin Blas, à qui cette faveur donna tout à coup un singulier relief, et se dirigea avec lui vers la galerie qui longeait la rue de l'Horloge. En passant devant les filles de l'intendant, la comtesse Isaure montra le premier président du parlement qui causait avec ces demoiselles.

— Savez-vous ce qui se dit là? demanda-t-elle.
— Non, répondit Martin Blas.
— Je vais vous le dire : On annonce à mesdemoiselles Feydeau qu'elles seront reconnues demain en qualité de filles et héritières de Rohan.

Martin Blas tourna la tête et répliqua :
— Cela ne m'importe point.

Isaure reprit sa marche. La galerie était vide, parce que la foule curieuse se massait dans le salon d'entrée, où M. et madame de Toulouse devaient passer d'abord. La comtesse Isaure s'assit sur un sofa. Son émotion, qu'elle ne voulait point montrer mais qui était grande, ne lui eût point permis de se tenir debout. Elle fit signe à Martin Blas de s'asseoir à ses côtés ; au lieu d'accepter, il alla prendre un tabouret et se mit en face d'elle.

— Je vous attends, monsieur, fit la comtesse en assurant sa voix de son mieux.

Il n'y avait pas à s'y méprendre : c'étaient là les préliminaires d'une bataille. La belle Isaure faisait comme firent plus tard nos gardes-françaises à Fontenoy, en criant : « A vous, messieurs les Anglais ! »

Martin Blas fut un instant avant de prendre la parole. Il y avait des gouttelettes de sueur à son front.

— Ne voulez-vous point ôter votre masque, madame ? dit-il enfin.

Sa voix tremblait. Il lui fut répondu seulement :
— Non.

Cependant, sur un mouvement qui échappa à don Martin, la belle Isaure ajouta :

— Pour des raisons qui n'ont point trait à vous, je tiens à ce que mon visage reste couvert.

L'Espagnol semblait avoir grande peine à garder sa froideur. Malgré cette couche de bronze que le soleil avait mis à sa joue, il changea plusieurs fois de couleur. On eût dit qu'il forçait ses paupières à demeurer baissées pour cacher l'éclair de son regard.

— Madame, reprit-il après quelques secondes de laborieux recueillement, me connaissez-vous ?

— Je croyais vous connaître, répondit Isaure sans hésiter, je me trompais.

— Êtes-vous la baronne de Saint-Elme?
— Ceci, dit Isaure au lieu de répondre, ressemble à un interrogatoire.
— C'est à vous de me dire, madame, prononça lentement Martin Blas, si j'ai oui ou non le droit de me constituer votre juge.
— Vous n'en avez pas le droit, monsieur, fit Isaure d'un ton résolu et presque hautain.

Mais son cœur battait sous la soie lamée d'or de son corsage, et Martin Blas le voyait bien. Il fit encore un silence, puis il reprit :

— Vous plaît-il de m'expliquer le sens de ces paroles : « Je croyais vous connaître, mais je me trompais... »
— Cela me plaît, seigneur.
— J'écoute.
— Votre conscience est-elle tranquille aujourd'hui comme hier?
— J'écoute, répéta l'Espagnol.
— Faut-il vous dire ce que vous avez fait depuis vingt-quatre heures?
— J'écoute, répéta pour la troisième fois Martin Blas.
— Depuis vingt-quatre heures, vous avez essayé

d'enlever une fille à sa mère, une femme à son époux...

Martin Blas eut un sourire amer.

— Vous ne voulez pas de juge, madame, dit-il, ne jugez pas!

— Je rapporte des faits...

— Tels qu'on vous les a rapportés...

— Tels que je les sais par moi-même... Je croyais vous reconnaître, vous, le soldat et le gentilhomme; je me trompais, puisqu'il n'y a devant moi que le complice des assassins!

— Nommez les assassins.

— Polduc et Feydeau, qui ont essayé de tuer une femme... une femme, entendez-vous? à l'heure même où vous étiez assis entre eux deux, dans le boudoir de ces deux filles qui veulent s'appeler mesdemoiselles de Rohan.

— Et c'est cette entrevue que vos espions ont surprise?

— Celle-là et une autre au même lieu, et une autre encore ailleurs.

Les sourcils de Martin Blas se froncèrent.

— Avez-vous espéré lutter contre moi? fit-il entre ses dents serrées.

On put deviner un fier sourire sous le masque d'Isaure.

— J'ai lutté contre de plus forts que vous, dit-elle.

— Et peut-on savoir ce que vous croyez connaître de mes desseins, madame? demanda Martin Blas en faisant effort pour reprendre son calme.

— Avant de jouer votre comédie pour effrayer l'intendant royal, répondit la comtesse Isaure, vous aviez eu un entretien long et secret avec Polduc... vous, Morvan! l'allié d'Alain Polduc!

L'Espagnol eut un vive mouvement lorsqu'il s'entendit appeler de ce nom, mais il n'interrompit point la comtesse.

— Vous, poursuivait celle-ci, vous dont Alain Polduc a tué l'honneur et le bonheur! Dans cet entretien, vous avez laissé paraître le véritable but de votre venue en Bretagne : Vous voulez enlever la comtesse de Toulouse et la fille de Valentine de Rohan!

Martin Blas s'inclina froidement.

— Vous avez bien fait, Morvan de Saint-Maugon, reprit la comtesse Isaure, de quitter le nom de votre père, qui était un Breton et un chevalier. Les chevaliers bretons ne s'attaquent point aux femmes. Vous avez bien fait de prendre un nom étranger pour commettre deux crimes : une infamie et une lâcheté.

— Madame! s'écria Martin Blas, livide de colère.

Il se redressa et ajouta :

— J'ai été outragé, trompé, brisé : Je veux me venger, je me vengerai!

Ainsi parla Martin Blas ou Morvan de Saint-Maugon. L'ardent soleil des Espagnes n'avait pu faire assez épais le masque olivâtre qui recouvrait maintenant son mâle visage, pour cacher la terrible émotion qui le poignait en cet instant.

— Vengez-vous donc sur l'homme qui vous a outragé, reprit Isaure, qui semblait grandir à mesure que Morvan se troublait ; vengez-vous sur la femme qui vous a trompé!

— Je vous l'ai dit en ce temps-là, et je vous le répète aujourd'hui, Valentine, murmura Saint-Maugon d'une voix étouffée, je ne me vengerai point sur vous.

Elle eut un sourire plein d'amertume.

— Vous pardonnez à la mère, dit-elle, en lui volant son enfant! et vous frappez sur une pauvre sainte femme, innocente de tout ce que vous avez souffert.

— Valentine! Valentine! s'écria Saint-Maugon, ce n'est pas à vous de défendre la comtesse de Toulouse, qui vous hait et qui, sans moi, vous l'eût montré cruellement ce soir.

— Je sais que la princesse me hait, Morvan, et je la défends.

Saint-Maugon secoua la tête, et, sans relever les yeux :

— Vous la défendez en vain, madame, dit-il, elle est condamnée. Voici quinze ans que j'attends!

— Et qu'attendiez-vous?

— Que M. le comte de Toulouse fût marié, madame.

Il y avait un égarement dans ses yeux.

— J'avais une femme qui était ma vie, dit-il en laissant éclater son angoisse, une femme en qui je croyais comme en ma conscience. J'avais un maître que je chérissais plus qu'un frère et pour qui j'eusse donné tout mon sang jusqu'à la dernière goutte. On me prit le cœur de ma femme, et, suivant vos propres paroles, madame, on me tua mon honneur avec mon bonheur. Et l'assassin, ce fut mon maître !

— Aveugle et fou ! murmura la comtesse Isaure.

— Que pouvais-je faire ? poursuivit Saint-Maugon : le tuer ? Ce fut ma première pensée... mais je me souvins de cette terrible loi qui était celle des Francs, nos ancêtres : Œil pour œil, disaient-ils, dent pour dent ! c'était bien ; moi, je dis : Cœur pour cœur ! Je veux torturer l'âme de cet homme comme il a torturé mon âme. Je veux que son honneur périsse en même temps que son bonheur... et je veux, me dressant en face de lui, l'épée à la main, cette fois, lui dire : « Me voici, c'est moi, je me venge ! »

Saint-Maugon s'était levé. Isaure l'imita.

— Aveugle et fou ! prononça-t-elle pour la seconde fois en mettant une main sur son épaule.

De l'autre, elle détacha le cordon de son masque.

Son masque tomba. Saint-Maugon se recula comme ébloui.

— Oh ! fit-il, vous êtes belle ! jamais femme ne fut si belle que vous ! mais je ne vous aime plus, Valentine de Rohan !... Non, sur ma foi ! je ne vous aime plus !

La comtesse Isaure souriait.

— Moi, je vous aime encore, Morvan, mon mari, dit-elle. Depuis cette première calomnie qui tomba sur moi, bien d'autres calomnies sont venues. Quand vous me demanderez compte de ces quinze années, je vous accepterai pour juge. Maintenant, je vais vous donner la seule preuve d'affection qui soit en mon pouvoir : Valentine de Rohan, puisque je reprends ce nom pour vous pendant quelques minutes, ne veut pas que son époux se déshonore ! Morvan de Saint-Maugon, les lâches machinations de ce Martin Blas ont échoué, grâce à moi : ma fille est libre et en sûreté.

— Que dites-vous ?

— Et la femme du comte de Toulouse est à la garde de son mari.

— Cela n'est pas ! s'écria Saint-Maugon.

— Croyez-en vos yeux et voyez !

Saint-Maugon suivit son doigt étendu qui montrait la porte ouverte de la galerie. Par cette porte venait un grand murmure qui dominait les accords de l'orchestre, jouant la marche triomphale composée par Lulli après la bataille de Corfou. La foule agitée s'ouvrait. Saint-Maugon put voir le comte de Toulouse monter les degrés de l'estrade où était son trône en tenant la princesse, sa femme, par la main.

Et quand Leurs Altesses furent assises, Saint-Maugon put voir encore une jeune fille, rayonnante de beauté, qui, conduite par deux conseillers au parlement, le prévôt et les échevins, apportait les clefs de la ville dans un plat d'or ciselé. Cette jeune fille était Céleste.

V

L'INSULTE

Nous reviendrons sur l'étonnement du seigneur Martin Blas en présence de cette double apparition : mais que dire de la stupéfaction des demoiselles Feydeau à la vue de Céleste? Ces deux belles personnes étaient dans la joie de leur âme, parce que M. le premier président venait de leur apprendre les bonnes dispositions du parlement à leur égard, lorsqu'elles se levèrent comme tout le monde pour l'entrée de Leurs Altesses. Mademoiselle Agnès trouva que la princesse était mal costumée ; mademoiselle Olympe était en train de découvrir un défaut dans sa coiffure, lorsque la tête de Méduse se montra.

La Cendrillon, — portant son plat d'or au milieu des dignitaires municipaux !

Cendrillon ! Était-ce possible ! Cette distinction qu'elles avaient si ardemment convoitée, dévolue à Cendrillon ! c'était à n'y pas croire. Les demoiselles Feydeau se frottèrent les yeux jusqu'au sang.

— Elle a ma jupe de satin rose ! dit tout haut mademoiselle Olympe.

— Elle a mon corsage de velours ! ajouta mademoiselle Agnès sur le même ton.

Mademoiselle Agnès et mademoiselle Olympe étaient filles à faire un éclat, mais elles aperçurent de loin M. le sénéchal qui, l'œil morne et les traits décomposés, leur faisait signe de se taire. En même temps, M. de Rieux s'approcha d'elles, riant bonnement comme un bien brave homme qu'il était.

— Chut ! chut ! fit-il, soyons prudentes, mes toutes belles ! Combien peuvent valoir ces chiffons ?

Agnès et Olympe, révoltées, allaient répliquer, malgré la télégraphie du sénéchal, quand M. de Rieux tira de sa poche un écrin qu'il ouvrit. Il y avait dans l'écrin deux bagues pareilles, ayant chacune un brillant pour chaton.

— Mademoiselle de Rohan, qui ne veut rien vous

devoir, dit-il en prenant tout à coup ce ton hautain qu'il avait quand il voulait, me charge de vous offrir ce dédommagement.

Il salua, tourna le dos et disparut dans la foule.

Si le tonnerre fût tombé entre mademoiselle Olympe et mademoiselle Agnès, vous ne les eussiez point vues plus pâles ni plus tremblantes. A ce moment, Achille-Musée passait son bras frémissant sous celui de son gendre.

— Que veut dire tout ceci, monsieur le sénéchal? demanda-t-il avec anxiété.

— Monsieur mon beau-père, répondit Polduc, je ne sais... je sens l'orage venir, et j'ignore d'où il vient. Le diable est ici, à moins que ce ne soit Valentine.

— Vous aviez bien pris vos mesures, madame, disait cependant Martin Blas à la comtesse. Vous marquez un point, mais je vous préviens que je gagnerai la partie.

Isaure avait remis son masque.

— Je vous ai offert la paix, Morvan, dit-elle.

— Je veux la guerre, répondit l'Espagnol dont les yeux ardents étaient fixés sur le comte de Toulouse.

— Adieu donc !

— Adieu ! et que tout ce qui va arriver ici soit compté à ceux qui m'ont offensé !

La comtesse Isaure rentra dans le bal, où elle retrouva aussitôt une bonne part de sa cour. Le reste était aux pieds de la princesse. Marie-Victoire-Sophie de Noailles, veuve du marquis de Gondrin, brigadier des armées du roi, et présentement comtesse de Toulouse, avait alors vingt-cinq ans. Son mariage, contracté secrètement, venait d'être rendu public par l'entremise du jeune roi lui-même, et malgré les répugnances de Philippe d'Orléans.

Elle était dans tout l'éclat de cette beauté douce et un peu austère qui devait, quelques années après la placer au plus haut du firmament de la cour. Bien différente de la duchesse du Maine, sa remuante et inquiète belle-sœur, madame la comtesse de Toulouse avait compris tout de suite que le caractère de son mari lui interdisait le champ de la politique. Elle se bornait à plaire et à bien faire, ce à quoi elle réussissait admirablement. Madame Isaure n'avait été que juste, selon le monde, en disant d'elle : « C'est une sainte. »

Mais les saintes elles-mêmes, les saintes selon le

monde se sentent pousser des griffes quand l'orgueil, la colère ou la jalousie parviennent à se glisser dans leur cœur.

Or, madame de Toulouse savait dès longtemps qu'il y avait en Bretagne une femme dont, autrefois, son mari avait sollicité la main ; elle savait, en outre, que le retour de faveur qui rappelait son mari au gouvernement de Bretagne venait d'une femme. Elle le savait si bien qu'elle avait été d'avis de refuser, et que, sans M. de Fleury, le prince eût sollicité la permission de rester dans sa retraite. Enfin, il n'y avait qu'une heure qu'elle était à Rennes, mais déjà les bonnes langues (car M. le sénéchal était bien servi, lui aussi) lui avaient vaguement désigné la comtesse Isaure comme étant celle dont son mari avait demandé la main.

Madame de Toulouse voulut savoir si cette comtesse Isaure était belle ; je vous laisse à penser ce qu'on lui répondit. Madame de Toulouse fit des questions plus intimes ; or la comtesse Isaure était trop admirée pour n'avoir pas beaucoup d'ennemis. Madame de Toulouse ne souhaitait pas qu'on lui dit du bien de celle que son instinct, désignait à sa haine. Elle fut amplement satisfaite, et en même temps indignée, car le propre de la calomnie est de dépasser toutes bornes.

Ce fut avec l'intention d'accomplir un acte de rigueur que madame de Toulouse entra dans le bal. Si elle eût été moins bonne et plus habituée à sévir, peut-être y eût-elle mis plus de mesure. La cruauté est un art qui s'apprend comme tous les autres métiers. Personne n'ignore combien la hache est terrible entre les mains d'un novice.

Dès son entrée, madame de Toulouse chercha des yeux cette audacieuse aventurière, qui venait la braver jusque dans sa gloire. Sa première pensée avait été de la faire expulser par ses officiers ; mais un double incident se présenta qui chauffa sa colère jusqu'au rouge et tripla tout à coup son désir de vengeance.

Elle avait ouvert le bal avec le second président des États, parce que M. le duc de Retz boitait de la jambe droite. Ce président, qui était de l'illustre maison de la Houssaye, ne sortait jamais de son château, situé devers la Roche-Bernard, et n'avait pu lui montrer madame Isaure, qu'il ne connaissait point. Comme on la reconduisait à sa place, le seigneur Martin Blas lui vint offrir son hommage.

La princesse l'avait vu à la cour de Paris et ne se doutait guère de ce que l'Espagnol avait tenté contre elle cette nuit-là même.

— Avec qui s'entretient là-bas M. de Toulouse? demanda-t-elle.

Martin Blas fit semblant de chercher.

— Cette dame masquée? ajouta la princesse.

— C'est la belle des belles, répondit l'Espagnol, mais elle a plus d'un nom.

— Dites-m'en un seulement.

— La première fois que je vins en Bretagne, répliqua Martin Blas d'une voix contenue, mais mordante, Son Altesse était déjà gouverneur de la province... je vous parle de bien des années, madame... cette femme s'appelait alors Valentine de Rohan.

— Est-il possible ! s'écria la princesse, qui arracha presque sa main à La Houssaye pour la donner à l'Espagnol.

— Bien peu de gens la connaissent ici sous ce nom, prononça froidement Martin Blas, mais ni M. de Toulouse ni moi, nous ne pouvons nous y tromper.

Madame de Toulouse le regarda en face. Puis elle dit tout bas :

— Et quel nom cette femme porte-t-elle à présent ?

— On la nomme la comtesse Isaure, repartit Martin Blas, qui s'inclina et prit congé.

La princesse était près de son fauteuil ; elle s'y laissa choir. Le choc était trop rude. Un instant ses pensées d'attaque tombèrent avec son courage, mais la colère reprit le dessus. Elle dit à Montmorency-Laval, qui lui venait faire le baise-mains :

— Je vous prie, allez prévenir M. de Toulouse que je désire lui parler.

Montmorency se hâta d'obéir. Derrière le trône de la princesse on avait établi un pliant pour Céleste, qui, confuse et ne sachant d'où tant d'honneurs lui venaient, avait peur de s'éveiller. On s'occupait d'elle énormément. Les uns disaient que M. et madame de Toulouse l'avaient amenée de Paris ; les autres racontaient en la brodant sa véritable histoire. L'intendant et le sénéchal étaient assiégés par une foule de curieux qui, naïvement, leur demandaient comment ils avaient découvert la naissance de cette charmante jeune fille. Était-il donc bien vrai qu'elle eût servi chez eux en qualité de chambrière ? On vit rarement deux hommes plus embarrassés que ne l'étaient M. le sénéchal et M. l'intendant.

Une autre foule se pressait autour de mademoiselle

Agnès et de mademoiselle Olympe pour les accabler des mêmes questions. Les pauvres grandes filles étaient à la torture. Et ce n'était qu'un cri dans les salons : Elle est jolie ! elle est délicieuse ! elle est adorable ! Son succès était complet.

Cependant le message confié à Montmorency-Laval eut un résultat auquel madame la comtesse de Toulouse ne s'attendait point. Ce fut le gouverneur lui-même qui, prenant la main de madame Isaure, la conduisit vers l'estrade pour la présenter à la princesse sa femme.

Jusque-là, bien que certains membres de cette noble assemblée eussent sujet de s'inquiéter en eux-mêmes, bien qu'il y eût de sourdes passions excitées et des intrigues en jeu, rien n'annonçait assurément que la fête dût être troublée par des événements tragiques. Au contraire, ce que le profane pouvait deviner du dessous des cartes tournait manifestement à la comédie.

Mais, à dater du moment où madame de Toulouse reprit place sur l'estrade, je ne sais quel vague malaise se répandit dans le bal. Il y a des pressentiments. Ceux-ci sont à l'esprit ce que sont au corps ces sourds avertissements qui toujours précèdent les grandes maladies. La fête était lourde. On entendait bien ce qu'il fallait de rires parmi les accords de l'orchestre excellent; la danse allait; tout ce qui était extérieur avait l'aspect voulu, mais la joie, mais l'entrain manquaient. On eût dit qu'à leur insu tous ces brillants cavaliers, toutes ces femmes éblouissantes de grâces et de parures, avaient un poids sur le cœur.

Au moment où le gouverneur, tenant madame Isaure par la main, ouvrait la bouche pour faire la présentation, la princesse eut un dédaigneux mouvement. Personne n'entendit les paroles qu'elle prononça, mais chacun vit sa joue pâle et ses beaux yeux cernés.

La comtesse Isaure avait dénoué son masque. Si le lecteur se souvient des faits racontés au prologue de cette histoire, il ne s'étonnera point que jamais jusqu'à ce jour la noblesse de Rennes n'eût mis le nom de Valentine de Rohan sur le visage de la comtesse Isaure. Valentine de Rohan avait passé toute sa jeunesse dans la plus complète retraite. Nul ne la connaissait, sinon les tenanciers du domaine de son père. Le rôle qu'elle avait pris à Rennes était donc aisé à soutenir.

Un seul homme pouvait être plus malaisé à tromper : c'était M. le sénéchal, qui avait été de la maison de Rohan, et qui jadis voyait Valentine à toute heure. Nous savons déjà que le sénéchal avait eu des soupçons. Faut-il ajouter cette banale vérité que les femmes sont habiles ? Valentine de Rohan avait fait beaucoup pour tromper le sénéchal.

A mesure que celui-ci trouvait une piste, Valentine aux aguets lui présentait un change. Le sénéchal, adroit et prudent, pouvait-il jouer son va-tout contre la comtesse Isaure, sur la foi d'une ressemblance, quand la Saint-Elme lui portait des coups d'un côté, la Louve de l'autre ? L'une à la cour de Paris, l'autre au fond des cavernes de la forêt de Rennes !

Sans parler encore de la Meunière, avec qui M. le sénéchal croyait en avoir bien fini, depuis ce soir. Polduc doutait : voilà le vrai.

Le fait de la comtesse Isaure se démasquant ne put donc produire dans le salon d'autre effet que de soulever un murmure admiratif. Elle répondit à la princesse d'un ton parfaitement respectueux. Celle-ci fronça le sourcil, et l'on vit Toulouse pâlir à son tour.

Que se passait-il donc sur cette estrade ?

Chacun regardait curieusement de ce côté, mais nul de si bon cœur que l'intendant, le sénéchal et le seigneur Martin Blas, réunis en un coin du salon, et auxquels Isaure tournait le dos.

Tout à coup, cette foule si calme oscilla comme une mer. Du haut de l'estrade une phrase était tombée. Les plus proches l'avaient entendue. Elle passait déjà de bouche en bouche. La princesse avait dit :

— Avez-vous bien osé venir me braver jusqu'ici, madame !

VI

L'INVASION

On insultait la comtesse Isaure, voilà ce que chacun comprit. Quelques mots, prononcés par M. le gouverneur d'un ton timide et conciliant, échappèrent aux oreilles les plus attentives, mais on saisit la réponse de madame Isaure, qui fut faite d'un ton calme et distinct. Madame Isaure dit :

— Monseigneur, je vous supplie de ne me point défendre.

Vous eussiez ouï trotter une souris dans cet immense salon tout à l'heure rempli de tant de bruits.

Ce fut la princesse qui rompit ce silence. Elle dit d'une voix altérée :

— Ce sera donc moi qui me retirerai !

On devina qu'elle avait ordonné à madame Isaure de quitter le bal et que le gouverneur s'y était opposé.

L'attitude d'Isaure ainsi publiquement outragée était toujours calme et toujours respectueuse. On devina encore que le gouverneur parlementait et demandait au moins le pourquoi d'une telle conduite, car la princesse répondit avec emportement :

— Parce que ma place n'est pas en un lieu où l'on s'expose à rencontrer de pareilles créatures !

La colère élevait malgré elle la voix de la princesse. Nous l'avons dit : elle dépassait le but parce qu'elle ne savait point mal faire. Ses dernières paroles arrivèrent aux recoins les plus reculés du salon.

On vit se dresser derrière le fauteuil de madame de Toulouse le visage bouleversé, mais toujours charmant de notre petite Céleste. Elle qui tout à l'heure baissait les yeux si timidement, elle qui n'eût pas osé murmurer, si bas que ce fût, la moindre parole, Céleste, la pauvre Cendrillon, lança tout autour du salon un regard où il y avait des éclairs. Puis, d'une voix éclatante et que la colère ne pouvait faire trembler :

— N'y a-t-il pas ici un gentilhomme ! dit-elle.

Si la stupéfaction de tous eût pu être augmentée, la réponse que provoqua le cri de Céleste l'eût portée à son comble. La porte venait de s'ouvrir, la porte extérieure, et un jeune homme que nul ne connaissait, portant avec grâce le costume du régiment de Conti, venait d'entrer dans le salon. Il perça la foule comme un trait et monta sur le premier degré de l'estrade.

— J'attends, dit-il, qu'une voix d'homme s'élève pour soutenir l'accusation qu'on vient de porter contre madame Isaure de Porhoët !

Polduc serra le bras de l'intendant.

— Ne cherchons plus, murmura-t-il : Rohan a parlé deux fois : l'héritier et l'héritière !

Le comte de Toulouse s'était retourné.

— Bien, mon neveu ! bien ! bien ! fit Rieux entre haut et bas, à l'adresse de Raoul.

Celui-ci s'inclina devant le gouverneur, puis devant la princesse.

— En ce qui concerne Son Altesse, reprit-il sans se troubler, le respect me ferme la bouche, mais, s'il est ici quelqu'un pour répéter ses paroles, je déclare d'avance que celui-là est un menteur !

La princesse, prête à s'évanouir, était retombée sur son siège. Isaure regardait tour à tour, avec d'heureuses larmes dans les yeux, Céleste et Raoul.

— Comment vous nommez-vous, mon ami? demanda Toulouse avec douceur.

— Je n'en sais rien, répliqua Raoul, mais il y a ici des gens qui le savent.

Polduc détourna la tête. Madame Isaure se pencha vers le gouverneur et prononça un mot à voix basse.

M. de Toulouse s'inclina gravement, et, comme si tous les étonnements devaient s'épuiser, on le vit tendre la main au jeune cornette, en disant ;

— Madame la comtesse de Toulouse, mieux éclairée, vous accordera votre pardon, monsieur.

Sans ces paroles, le défi de Raoul aurait été vingt fois relevé, car l'épée est un outil dans la main du courtisan, mais que faire en présence de la conduite du gouverneur?

Il y avait cependant dans le salon un homme qui agissait pour lui-même, et que rien ne pouvait arrêter.

Martin Blas fendit la foule et vint se mettre en face de Raoul.

— Je soutiens et répète les paroles de madame la princesse, mon jeune compagnon d'aventures, prononça-t-il à haute voix.

— Vous ! s'écria Raoul.

— Moi ! et je dis : la place d'une noble dame comme elle n'est pas où l'on s'expose à rencontrer de semblables créatures !

— Va ! neveu, va ! s'écria Rieux qui riait de bon cœur.

Raoul n'avait, sur ma foi, nul besoin d'encouragement.

Sa main qui tenait son gant tout prêt se levait déjà pour fouetter l'Espagnol au visage, lorsqu'il se sentit arrêter par derrière. C'était la comtesse Isaure qui le retenait.

— Je ne veux pas être défendue, dit-elle simplement. Merci, Raoul ; cet homme n'a pas sa raison, et l'épée qui pend à son côté ne lui appartient plus...

— Qu'on vienne la prendre ! dit Martin Blas en y portant la main.

Ce n'était plus un bal. Chacun essayait de se rapprocher pour mieux entendre et pour mieux voir. C'était véritablement une salle de spectacle. Point de loges, mais un parterre enfiévré. La scène était sur l'estrade, où la princesse suffoquait derrière son éventail, pendant que Raoul frémissant dévorait des yeux son adversaire.

— Je vais être à vous, seigneur cavalier, dit Isaure à l'Espagnol sans rien perdre de sa tranquillité.

— Madame, ajouta-t-elle en se tournant vers la princesse, Dieu m'a donné aujourd'hui cette belle joie de vous faire beaucoup de bien en échange du mal que vous avez voulu me faire, et dont je ne vous accuse point, car vous êtes abusée. Je crains pour vous, madame, j'espère pour moi avoir bientôt l'occasion de vous servir encore.

Une larme vint aux yeux de la princesse, non point pour ce que lui disait sa prétendue rivale, mais parce qu'elle croyait que Toulouse l'abandonnait.

Nous l'avons dit dès le début de ce livre, le comte de Toulouse était un homme doux et sage, non point un héros de roman. Un héros de roman eût choisi entre sa femme en pleurs et la justice. Toulouse ne fit rien contre la justice et tâcha de consoler sa femme en pleurs. La justice se défendit toute seule, et Madame de Toulouse garda de cette aventure une rancune qui dura autant que sa vie.

Ayant parlé comme nous l'avons rapporté, la comtesse Isaure, qui semblait ici la véritable princesse, descendit les degrés de l'estrade et appela M. de Rieux par son nom.

— Présent, vive Dieu, présent! répondit celui-ci, qui se mit à rire pour avoir une contenance, présent! mais j'aurais voulu voir le petit à sa riposte de pied ferme.

Il joua des coudes à travers la foule et grommela chemin faisant :

— Je savais bien que cela viendrait !

La comtesse Isaure avait tiré de son sein un parchemin scellé. Elle rompit le cachet et le remit ouvert à M. de Rieux, qui lut :

« Ordre de Son Altesse Royale le duc d'Orléans, régent de France, d'arrêter le seigneur don Martin Blas... »

Rieux regarda madame Isaure d'un air étonné.

— Et les autres ? murmura-t-il.

Isaure lui imposa silence d'un signe de tête. Martin Blas, cependant, surpris, mais non déconcerté, avait tiré son épée. Ce n'était certes point pour la rendre, quoique la comtesse Isaure l'eût prévenu d'avance qu'elle ne lui appartenait plus.

— A moi, Conti ! cria M. de Rieux.

Raoul, le capitaine La Grève et plusieurs autres officiers vinrent se ranger autour de lui. Martin Blas parcourait la salle du regard pour voir s'il pouvait espérer des défenseurs. Son œil tomba sur la pendule et il eut un sourire. La comtesse Isaure surprit ce coup d'œil et ce sourire. Elle reporta son attention sur Polduc et Feydeau, qui étaient à l'autre bout du salon.

Achille-Musée semblait profondément abattu ; mais le sénéchal, l'oreille collée à l'entre-bâillement d'une fenêtre, écoutait de toutes ses oreilles.

— Votre épée, seigneur cavalier, disait en ce moment de Rieux.

— La voici, colonel, répondait don Martin en se posant en garde.

L'attention générale, cependant, se portait tout entière sur cette femme dont la vie avait toujours été un mystère, qui restait là, au palais du gouvernement, malgré la femme du gouverneur, et qui cachait des ordres du régent dans son corsage. Un nuage avait couvert son beau front. Elle semblait écouter des bruits que nul autour d'elle n'entendait.

Pour la deuxième fois, elle appela M. de Rieux

par son nom. Le colonel, quittant Martin Blas, s'approcha d'elle aussitôt. Quand elle lui eut dit quelques paroles à voix basse, il frappa du pied en s'élançant vers Raoul ; il le saisit rudement au collet.

— Qui t'a permis d'abandonner ton poste, ce soir, petit malheureux ! s'écria-t-il.

Céleste se mit à trembler. Raoul, le pauvre Raoul balbutia le nom de la comtesse.

M. de Rieux le secouait d'importance, mais tout en le secouant, il lui disait tout bas :

— Neveu, quand je te ferai signe, tu prendras madame de Toulouse dans tes bras et tu fuiras par la galerie de l'Horloge. Merci Dieu ! tu n'auras pas mis beaucoup de temps, toi, pour devenir capitaine !

Raoul releva sur lui son regard ébahi.

— As-tu compris ? fit M. de Rieux.

— Oui, répondit Raoul.

— Tu m'entends... qu'elle crie, qu'elle pleure, ce n'est pas ton affaire, il y va de la vie !

Et il ajouta rudement à voix haute :

— Bambin, je ne donnerais pas six blancs de ta peau !

— Sois tranquille, mon camarade, cria Martin

Blas à Raoul, dans deux minutes il fera trop chaud ici pour qu'on songe à ces bagatelles.

Deux minutes, c'était beaucoup de temps, plus de temps qu'il n'en eût fallu pour mettre Martin Blas à la raison. Mais on n'avait pas deux minutes. Comme M. de Toulouse, voyant ces pourparlers, demandait : « Qu'y a-t-il ? » on entendit une décharge de mousqueterie vers le Champ-Jacquet, où était le poste des Gabelles.

Le bal tressaillit tout entier comme si une secousse électrique eût soulevé le parquet du salon. L'intendant poussa un cri de femme. Polduc se faisait petit, sentant que c'était la crise.

Une grande clameur suivit la décharge de mousqueterie. Puis les huissiers de garde se précipitèrent dans le salon, criant :

— Les Loups ! les Loups !

— Est-ce maintenant ? demanda Raoul.

— Ne bouge pas ! lui fut-il répondu.

— Eh bien ! colonel, dit Martin Blas en raillant, vous ne voulez plus de mon épée ?

M. de Rieux eut son bon sourire.

— Bah ! fit-il, ceci était un bal travesti où chacun

avait son masque. Ceux qui nous arrivent ont le leur, voilà tout !

C'était cependant une débandade générale dans les salons. Hommes et femmes se précipitaient vers les issues, lorsque soudain un horrible tintamarre se fit au dehors. Les fenêtres brisées tombèrent en éclats et un flot de visages velus inonda la salle.

Cinquante Loups étaient entrés par la porte de la galerie de l'Horloge.

— Neveu ! cria de Rieux au milieu du silence, c'est maintenant !

Car gentilshommes et dames se taisaient, frappés de stupeur, et les Loups, éblouis par l'éclat subit des girandoles, glissaient silencieusement leurs peaux de bique parmi tout ce satin et tout ce velours. Raoul au signal de son chef, franchit d'un bond les degrés de l'estrade. Il saisit à bras le corps la princesse évanouie et l'enleva. La Grève entraînait le comte de Toulouse. Autour d'eux, le corps des officiers de Conti s'était formé comme par enchantement. Les épées nues ouvrirent une large trouée.

— Tirez ! tirez ! cria Martin Blas, feu !

Une main de fer se posa sur sa bouche.

Yaumy, voulant obéir, ajusta le gouverneur d'un

pistolet qu'il avait à la main. Il tomba le visage écrasé d'un coup de pommeau d'épée. M. de Rieux n'avait pas voulu se servir de sa lame.

— N'êtes-vous pas contents, coquins, dit-il en riant comme un bienheureux ; excepté ces deux-là, on vous donne tout le reste !

II

CHANGEMENT A VUE

Ce fut un spectacle étrange et comme il n'est pas donné souvent à un écrivain d'en pouvoir peindre. Par toutes les portes, par toutes les fenêtres à la fois, ce flot noir et grouillant avait envahi la salle. Tout ce que contenait le présidial à cette heure eût pu être fait prisonnier sans résistance, car les grandes clameurs qu'on entendait au dehors prouvaient que l'armée des Loups tenait les issues.

Mais ces pauvres gens, ébahis de leur propre victoire et timides d'abord en face de ces splendeurs, n'essayèrent point de retenir ces captifs dont la rançon eût valu la province de Bretagne. Parmi les gentilshommes qui étaient là, certains d'ailleurs semblaient avoir autorité sur les envahisseurs. Dans leur nombre, il nous faut compter M. de Rieux.

Comment et pourquoi ?

En ce temps, nous le répétons, le meilleur ami d'un homme ne pouvait jamais savoir au juste où il était était, où il allait. Tout au plus savait-on d'où il sortait.

De Rieux était un Breton, un brave homme et un homme d'esprit, voilà tout ce qu'on peut dire.

Ajoutons que son pommeau d'épée avait laissé sur le visage de Yaumy, le joli sabotier, chef putatif des Loups, une profonde et sanglante empreinte, et que Yaumy n'avait soufflé mot. C'était peut-être un Loup que ce gai M. de Rieux, lieutenant-colonel du régiment de Conti.

Ce qui est certain, c'est qu'en voyant son attitude, Polduc et Feydeau n'osèrent point se montrer méchants. Martin Blas, au contraire, avait dit :

— Je veux pour ma part la comtesse de Toulouse et cette jeune fille qu'on nomme Céleste.

Rieux, toujours de bonne humeur, avait répondu :

La comtesse de Toulouse, non, mais la fillette, Dieu vous l'a donnée avant nous, cousin Morvan.

Et, s'avançant vers lui, Rieux lui secoua la main d'un air goguenard.

— Mon cousin, ajouta-t-il, vous avez fièrement bruni depuis quinze ans ! Sans votre accent du pays de Carentoir, que vous n'avez point perdu en courant le monde, du diable si je vous aurais reconnu !

Grâce à de Rieux et à quelques autres, on n'insulta point les hôtes du gouvernement, qui purent opérer leur retraite. Bientôt, sous ces flots de lumières que renvoyaient toujours les grandes glaces et l'or des hautes moulures, tout fut sombre, tout fut noir. Au lieu de ces toilettes brillantes qui tout à l'heure encombraient la fête, au lieu de cette étincelante cohue qui chatoyait de soie, de diamants et de fleurs, les feux des lustres et des girandoles s'absorbaient dans les haillons sombres formant le vêtement des Loups, qui pour la plupart étaient des charbonniers.

La foule augmentait, du reste, d'instant en instant. Chacun voulait voir, et le gros de l'armée était toujours dehors. Tandis que les vrais conviés de cette fête s'esquivaient par la rue de l'Horloge, les Loups montaient toujours. Et chaque nouveau venu, en entrant dans cette sphère rayonnante, était pris des mêmes éblouissements. Si on les eût attaqués en ce lieu, ils ne se seraient point défendus.

On les voyait tous, tant qu'ils étaient, étonnés et comme engourdis par un choc. La plupart ne bougeaient point ; d'autres se démenaient comme si le parquet leur eût brûlé la plante des pieds. Évidemment, en ce lieu inconnu et redouté, ils avaient crainte qu'un vengeur ne sortît de terre.

Pendant quelques minutes tout au plus on vit le satin, les dentelles et les pierreries mêlés aux lourds haillons des révoltés de la forêt. Peu à peu, la dernière dame, escortée du dernier gentilhomme, passa le seuil de la porte basse qui donnait sur la rue de l'Horloge. Achille-Musée Feydeau et M. le sénéchal sortirent comme les autres, pour ne se point compromettre absolument, et pour servir d'escorte à mademoiselle Olympe et à mademoiselle Agnès. En sortant un des derniers, l'épée à la main et tête haute, le maréchal de Montesquiou dit :

— Si je commandais encore la province, je ferais danser ces coquins sans violons !

Peut-être l'eût il fait comme il le disait, quoique les paysans du pays de Rennes lui eussent prouvé une fois, sous le bourg de Pacé, en lui tuant deux cent cinquante hommes du régiment de La Ferté, qu'ils n'étaient point si maniables.

En quittant le présidial, presque tous les gentilshommes avaient un sourire sous la moustache. On les chassait, mais, s'ils étaient battus, c'était sur le dos de la France. Ils étaient un peu comme ces pères faibles qui s'amusent quand même aux plus terribles espiègleries de leurs enfants. Ces fantastiques vainqueurs de la vice-royauté française, c'étaient en définitive, des Bretons.

A part même ceux qui, secrètement, étaient *entrés* ou voulaient *entrer dans la forêt*, la plupart se réjouissaient de ce soufflet donné en plein visage de la conquête.

La ville était prise par la campagne bel et bien. Chacun savait que les casernes étaient barricadées en dehors, ainsi que les hôtels Saint-Georges et de Pesée, où étaient les quartiers des cadets. Le collége militaire de Kergus était gardé. Le poste du régiment de Conti avait été fait prisonnier en dehors des portes Mordelaises ; en dedans, les soldats de l'intendance avaient mis bas les armes. Les coups de feu qu'on avait entendus étaient tirés en l'air, disait-on, par les gardes à pied de la sénéchaussée.

C'était une victoire, mais c'était aussi une trahison, comme toutes les victoires de l'émeute.

De la noble assemblée qui naguères emplissait la grande salle du présidial, il ne resta plus bientôt que deux hommes et deux femmes : la comtesse Isaure et M. de Rieux, d'un côté ; de l'autre, don Martin Blas et la pauvre petite Céleste qui se mourait de peur.

La comtesse Isaure avait remis son masque. Un Loup, que sa haute taille distinguait de ses camarades, s'approcha d'elle.

— Que le palais du gouverneur soit à l'abri de toute attaque, lui dit-elle à voix basse. Laisse les aides et les gabelles à Yaumy. Que Jouachin se charge de la prison avec une troupe de vassaux de Rohan. Voici la liste des prisonniers à délivrer.

Elle lui remit un papier. Le Loup fendit la foule et sortit pour bientôt revenir. En son absence, on entendit de vives acclamations au dehors.

A un mouvement que fit l'Espagnol prétendu pour se rapprocher de Céleste, M. de Rieux vint se mettre entre eux bonnement.

— On vous dit que vous l'aurez, cette enfant, mon cousin, fit-il en se frottant les mains ; mais croyez-vous que nos amis vont rester là les bras croisés? Le bal est tiré, il faut le boire!

Puis d'une voix de tonnerre :

— Holà! l'orchestre! s'écria-t-il : marchons!

La noire inondation s'agita en grondant. Ce mot grec orchestre n'était pas du tout connu des Loups. A la bonne heure, si M. de Rieux, eût évoqué le biniou et la bombarde! On vit briller les lames de tous les couteaux. Chacun crut que c'était là un appel aux armes.

Mais l'orchestre frappa un accord, et les Loups montrèrent leurs longues dents blanches à pain noir, pour rire, non point pour mordre. L'orchestre, placé dans une retonde en galerie, à six ou sept pieds du sol, n'avait pu fuir avec ces messieurs et ces dames. Il s'était vu captif dès l'abord, et les virtuoses dont il se composait, ayant toute autre chose à faire qu'à être braves, s'étaient tapis derrière leurs siéges, espérant n'être point aperçus. L'ordre de M. de Rieux les fit sortir de leur trou : on vit les violons tout pâles, et les basses de viole, émues jusqu'aux larmes, reprendre leur place et dresser en tremblant leurs instruments. A cette vue, un grand éclat de rire fit trembler la vitre du présidial.

C'était la glace qui se rompait. Les Loups jetaient bas du premier coup cette timidité qui accompagne tout début dans le monde. Ils étaient chez eux on allait bien le voir!

— Allons, signor Fontana, dit M. de Rieux au chef d'orchestre, une courante, s'il vous plaît c'est de circonstance!

Le signor Fontana leva son bâton de mesure. Aussitôt, ce fut dans le salon un trépignement de sabots dont rien ne peut donner une idée. L'orchestre fit de son mieux pour dominer ce tonnerre, mais quinze cents paires de gros sabots sur un bon parquet de chêne, voilà un instrument puissant!

On se mit en branle. Il n'y avait point de femmes, mais de la gaîté, ah! de la gaîté! Sur les trois mille sabots, vous eussiez pu compter hardiment quinze cents galoches de charbonniers. Je vous laisse à deviner de quelle couleur était le nuage de poussière qui s'éleva.

Martin Blas rabattit son chapeau sur ses yeux; M. de Rieux mit son mouchoir dans sa bouche. Il riait à faire plaisir.

— Eh! Josille! criait le voyageur Julot, qui s'était mis un voile de dentelle sur la tête, je vas te faire comme j'ai vu les duchesses à Paris... Qu'elles se balançaient de ci... qu'elles se balançaient de là... Pelo ! prête-moi ton éventail.

On put voir alors que les nobles fugitives ne s'étaient point toutes retirées avec armes et bagages. Pelo, qui avait une coiffure de roses blanches sur son masque de peau de Loup, prêta son éventail volé.

Pendant que le voyageur Julot fit les grâces des duchesses parisiennes, chacun voulut ajouter quelque chose à sa toilette. Il fut chargé bientôt d'un monceau de rubans, attachés au hasard, de trois ou quatre mantilles et d'autant d'écharpes. Trente mains lui attachaient à la fois autour du corps des plumes, des nœuds de velours et des guirlandes arrachées aux piliers. On mit autour de son cou rougeâtre un joli collier de peau de cygne.

Fier et sérieux, le voyageur Julot comprit qu'on voulait lui faire honneur et se conduisit de façon à ne point démériter la faveur dont il était l'objet. Il donna de l'éventail par la face à tous ceux qui l'entouraient et fit ainsi un large cercle autour de lui. Dans ce cercle, il se mit à danser, imitant à s'y méprendre les princesses de la cour du Régent.

L'orchestre jouait en désespéré. Les sabots, furieux de joie, faisaient un tapage infernal. Ceux qui étaient dans le salon criaient pour manifester l'enthousiasme de leur plaisir. Ceux qui était dehors criaient pour entrer.

C'était une bacchanale effrayante, et jamais ce bon M. de Rieux ne s'était tant diverti !

Quand l'orchestre, épuisé, fit trêve et que le nuage de poudre fut un peu dissipé, on put voir qu'un léger changement s'était opéré dans la position de nos personnages. Peut-être cela venait-il purement du hasard.

Céleste était toujours assise sur l'estrade, mais la comtesse Isaure avait pris place à côté d'elle. M. de Rieux restait isolé au bas des degrés.

Quant à don Martin Blas, la cohue s'était emparée de lui en quelque sorte et le tenait pressé dans l'embrasure d'une des croisées qui donnaient sur la place d'armes. Il était si parfaitement encadré par cette masse humaine qui l'opprimait de toutes parts, qu'il n'eût même pu faire un mouvement pour dégainer son épée.

La voix de stentor de M. de Rieux s'éleva de nouveau.

— Qu'on serve à manger et à boire ! cria-t-il à la

porte de la grande galerie où quelques valets se montraient tout effarés.

Pour le coup, Julot le voyageur n'avait rien pu voir de pareil dans la grande ville de Paris. Dès que les Loups eurent appris le chemin de l'office, il y eut un va-et-vient de plateaux qui bientôt furent dédaignés comme embarrassants. Les Loups apportaient à brassées les bouteilles, les gâteaux, les pâtés, les conserves, enfin tout le matériel qui avait été préparé pour fêter l'appétit de messieurs et de mesdames des États.

On buvait, c'était une bénédiction! toute bouche avait son goulot, si bien qu'il y eut un silence empli par le joyeux glouglou de tous ces flacons qui étaient en train de se vider.

Les heureux qui avaient trouvé place dans la salle montrèrent leur bon cœur. Des masses de bouteilles et de comestibles furent jetés par les fenêtres à la volée, et l'armée campée sur la place d'Armes eut sa part du festin. Champagne, bordeaux, chambertin, les Loups purent se vanter d'avoir goûté tout cela un fois dans leur vie.

Puis la danse reprit, échevelée cette fois, car on avait commandé à l'orchestre de jouer la fameuse

Ronde du Tabac. La farandole commençait au pied de l'estrade et se continuait par le vestibule et les escaliers jusque sur la place d'Armes, qu'elle traversait en hurlant pour replier sa queue jusqu'au perron du palais des États.

La farandole finie, un autre changement s'était opéré dans la salle. La comtesse Isaure et Céleste avaient disparu. Nous les eussions retrouvées dans la galerie voisine où Raoul arrivait, les cheveux en désordre, le front couvert de sueur et de sang, et portant à son uniforme déchiré les aiguillettes de capitaine.

Raoul avait sauvé madame la comtesse de Toulous et c'était le prince gouverneur qui lui avait attaché de sa main les insignes de son nouveau grade.

Ce Loup de grande taille, qui était parti une heure auparavant, portant la liste des prisonniers à délivrer et les ordres de madame Isaure, revint en ce moment. Son masque qu'il ôta pour étancher la sueur qui inondait ses joues, montra le franc et bon visage de Josselin Guitan.

— La besogne est finie, dit-il.

Il était deux heures après minuit. Les Loups avaient fait autre chose que danser, manger et boire. La prison de la Petite-Motte avait été forcée. Quatorze gentilshommes et un plus grand nombre de gens de roture qui étaient encore détenus pour l'affaire des chevaliers de la Mouche à miel étaient en liberté. Les rôles de l'arriéré avaient été lacérés. Les coffres de la recette et du contrôle étaient au pillage, ainsi que les aides, et les gabelles brûlaient.

L'hôtel du maréchal était situé rue de Bourbon; ses derrières donnaient sur l'Hôtel-de-Ville. Une vingtaine de gentilshommes s'étaient rassemblés là : tous Français et enragés de leur mésaventure.

Montesquiou voulait mettre l'épée à la main et donner au beau milieu de cette canaille. Mais la folie était par trop manifeste : vingt contre trois ou quatre mille! Il y avait là les paysans de trente paroisses.

Les compagnons du maréchal rongèrent leur frein pendant une heure ou deux, mais la rage finit par leur monter au cerveau. On chargea tout ce que l'on trouva de mousquets dans l'hôtel, et, au moment où les Loups rassasiés se mettaient pour la troisième fois en branle au son des violons, une dé charge bien dirigée en coucha une douzaine sur le parquet. Le chapeau de Martin Blas fut percé d'une balle.

— Oh! oh! fit M. de Rieux en présentant tout son corps à une croisée, ce maréchal est un vrai rabat-joie! Éteignez les lustres!

L'instant d'après, une obscurité profonde avait remplacé les éclatantes clartés de la foule, et les Loups terrifiés descendaient le grand escalier pêle-mêle.

Don Martin, à demi-étouffé, sortit enfin de sa gêne, jurant au-dedans de lui-même qu'il prendrait sa revanche. Dans l'escalier, le joli sabotier lui dit à l'oreille :

— La petite demoiselle sera cette nuit à la Fosse-aux-Loups.

— Moi aussi ! répondit l'Espagnol.

Comme il débouchait sur la place d'Armes, il se sentit serrer le bras. La comtesse Isaure était auprès de lui, masquée.

— Monsieur de Saint-Maugon, lui dit-elle, je ne vous veux point de mal ; vous êtes encore le maître de prendre la fuite : pour cela, je vous donne une heure!

VIII

LA FOSSE-AUX-LOUPS

La décharge meurtrière faite par les hôtes de M. le maréchal de Montesquiou avait été le signal de la retraite ou plutôt de la déroute. Les Loups étaient de durs soldats en campagne ; mais ces milliers d'yeux que les maisons ouvraient sur eux les épouvantaient à juste titre. Chacune de ces croisées était une large meurtrière, par où la foudre pouvait tomber. Les Loups étaient mal armés. Le ban et l'arrière ban avaient été convoqués pour cette mémorable expédition. La plupart n'avaient pour se défendre ou pour attaquer que leurs fourches ou des faux emmanchées à revers. Les mousquets étaient rares.

M. de Montesquiou, dans sa *Relation des troubles de la Bretagne*, affirme qu'avec un régiment on aurait eu raison de l'émeute. Toutes les probabilités sont pour cet opinion.

M. de Montesquiou ajoute que la noblesse bretonne se couvrit de honte en cette occurrence. Ici commence l'erreur. La noblesse bretonne, une portion d'elle au moins, se regardait comme indûment conquise ; il y avait encore un patriotisme breton.

Pour éclaircir l'idée par un fait, que diriez-vous d'une ville polonaise qui, de nos jours, jouerait un semblable tour à sa garnison russe ou prussienne? Assurément personne ne prononcerait le mot honte. — Sous Louis XV seulement, la Bretagne devint française de cœur. Et M. Montesquiou, malgré son incontestable vaillance, fut un de ceux qui contribuèrent le plus à prolonger les haines bretonnes contre la France.

On ne renouvela point la décharge. La cohue des Loups s'engagea en grondant sourdement dans les rues qui conduisaient au chemin de la Croix-Rouge. La porte Saint-Georges était libre. La cohue passa.

Elle emmenait des prisonniers ; du moins y avait-il deux gentilshommes qui marchaient au centre d'un groupe et qui ne semblaient point marcher de leur bon gré. C'étaient M. l'intendant et M. le sénéchal.

— Mes bonnes gens, disait Polduc, est-ce la récompense de tout ce que nous avons fait pour vous ?

Achille-Musée ajoutait, la main sur la poche qui contenait sa boîte d'or :

— Vous nous compromettez à plaisir, mes enfants : Dorénavant, nous ne pourrons plus vous être utiles.

Un grand gaillard qui semblait commander leur escorte répondit :

— Nous faisons selon les ordres de la Louve.

C'était la première fois que ce nom était prononcé depuis le commencement de l'expédition et ce nom ne modéra point la frayeur du beau-père et du gendre.

Au milieu d'un autre groupe, Martin Blas allait à cheval. Il avait voulu passer devant le château de la Tour-le-Bat pour voir si une surprise était possible ; mais les herses étaient levées, et l'on entendait le commandement des officiers dans la cour intérieure.

Madame de Toulouse était désormais à l'abri de toute atteinte. Martin Blas dut le croire ; mais à ce moment-là même, voici ce qui se passait au château de la Tour-le-Bat :

La princesse, brisée par l'émotion, venait de renvoyer ses femmes. Elle était agenouillée devant son prie-Dieu, cherchant, mais en vain, la formule accoutumée de l'oraison. L'effroi, la colère, se disputaient son cœur. Elle ne pouvait songer qu'à cette femme, la comtesse Isaure qui l'avait si cruellement blessée.

La chambre de madame de Toulouse donnait sur une petite galerie suspendue qui faisait balcon dans la chapelle de la Tour-le-Bat. C'était là que la famille du gouverneur entendait ordinairement la messe. Comme la princesse était absorbée dans sa douloureuse pensée, elle entendit un bruit du côté de la chapelle et leva les yeux en tressaillant, car son corps et son esprit étaient également ébranlés. Le craquement d'un meuble lui eût donné la chair de poule, exilée qu'elle se sentait dans cet affreux pays de bêtes fauves et de revenants.

Mais, si disposée qu'elle fût à l'épouvante, ce qu'elle vit trompa et dépassa ses appréhensions. La comtesse Isaure, droite, majestueuse et immobile dans sa fière beauté, était debout devant la porte de l'oratoire.

Qui l'avait introduite en ce lieu ? Par où avait-elle passé ? Dans son premier mouvement, madame de Toulouse alla jusqu'à redouter un assassinat. Au milieu de l'émotion populaire, elle avait perdu cette nuit sa rivière de diamants, qui était d'une haute valeur, et, pour elle, d'un prix inestimable, puisque c'était un présent de son bon ami, le petit roi Louis XV.

La comtesse Isaure tenait cette rivière à la main. Elle la déposa sans mot dire sur la table de nuit de madame de Toulouse, puis elle traversa la chambre à pas lents.

La princesse eût voulu appeler du secours, mais sa voix s'arrêta dans sa gorge. La comtesse Isaure prit sa main qu'elle baisa.

— Venez ! murmura-t-elle.

La main de madame de Toulouse était plus glacée que le marbre.

Elle obéit, poussée par je ne sais quelle force,

étrangère à sa volonté. Les somnambules marchent ainsi qu'elle marcha.

Isaure ouvrit la porte de l'oratoire. Madame de Toulouse vit qu'une lueur sombre éclairait la chapelle, chose assurément étrange à cette heure de la nuit. Mais elle vit une chose encore plus étrange. Ce qui produisait cette lueur, c'étaient deux torches de résine qui brûlaient en dedans de la grille de l'autel, aux deux côtés du tabernacle.

Deux hommes, vêtus de peaux de bique, mais démasqués par respect pour le lieu saint, tenaient ces torches élevées, de façon à projeter leur lueur sur le crucifix d'argent qui couronnait le tabernacle. La comtesse Isaure étendit la main vers ce divin symbole de rédemption :

— Par le Dieu vivant, dit-elle, je suis innocente des accusations que vous avez portées contre moi cette nuit, madame je le jure !

— Vengez-vous donc ! balbutia la princesse, qui tomba sur ses genoux.

Isaure lui baisa la main pour la deuxième fois.

— Je me suis déjà vengée, murmura-t-elle, puisque vous me devez la vie et l'honneur.

Les torches s'éteignirent. Le lendemain, madame

de Toulouse voulut croire qu'elle avait fait un rêve, mais la rivière de diamants était là.

L'abbé Manet, dans ses savantes et curieuses études sur le sous-sol de la haute Bretagne, parle de cavernes druidiques situées sur la rive gauche du Couesnon et se ramifiant à l'infini, principalement autour de la ville de Fougères. Selon lui, ces grottes sont en partie naturelles, en partie creusées par la main des hommes. La plupart étaient impraticables dès le temps de sa jeunesse, par suite d'éboulements intérieurs.

Il affirme pourtant avoir parcouru, au sud de Saint-Aubin-du-Cormier, de vastes souterrains qui n'existaient plus lorsqu'il voulut les visiter de nouveau en 1820. Le sol friable s'était affaissé de lui-même, c'est l'opinion de l'abbé Manet, à la suite du tremblement de terre qui effraya le pays rennais l'année de la mort du roi Louis XVIII.

Ces cavernes, après avoir caché les mystères du druidisme et couvert de leurs éternelles ténèbres les sacrifices humains, servirent de retraite aux Bretons armoricains vaincus par l'invasion saxonne. Ce fut là que s'abritèrent les femmes et les filles des Rhédons subjugués, lorsque le roi Mériadech fut obligé de commander cent mille vierges au pays anglais pour donner des épouses à ses guerriers.

Plus tard, les grottes devinrent un repaire de malfaiteurs, si bien que François I" de Bretagne en ordonna la destruction. Dès le commencement des guerres entre la Bretagne et la France, les grottes donnèrent asile aux partisans de l'indépendance. Elles servirent notamment sous la Ligue aux soldats vaincus de Guy-Eder, baron de Fontenelle. Ce fut là que Rollan Pied-de-Fer passa la revue des Frères-Bretons dans les premières années du règne de Louis XIV.

La Fosse-aux-Loups, située sur le domaine de Rohan-Polduc, presque au centre de la forêt de Rennes, était la principale et la mieux connue de ces grottes. La tradition affirmait qu'elle étendait autrefois ses galeries tortueuses et enchevêtrées comme un écheveau de fil embrouillé jusque sous la montagne où s'élève la ville de Fougères. Un boyau qui conduisait au bas de Vitré fut comblé par Rollan lui-même à cause des envahissements de la Vilaine en hiver, mais des milliers d'autres galeries existaient encore, parmi lesquelles on citait la voie profondément encaissée qui conduisait sous le grand étang de Paintourteau.

Ici, ce n'est plus l'obscur érudit qui nous prête son témoignage, enfoui dans un recueil poudreux, c'est la charmante, l'élégante, la brillante marquise de Sévigné, bien fâchée d'être Bretonne, et recevant avec dégoût les gros sous de ses tenanciers, — mais les recevant, pourtant, et ne leur en faisant point cadeau.

La chère marquise, exilée aux Rochers, raconte à sa fille, à travers mille baisers un peu bavards qu'il est une cave sous un étang, au centre de laquelle existe une grande pierre de caillou. En haut de la voûte, toutes les deux minutes, une goutte d'eau tombant ainsi depuis le commencement des siècles, a creusé dans la pierre de caillou un godet rond, profond de deux pouces. L'eau qu'on trouve là est souveraine contre les opthalmies.

Madame de Grignan, la fille de l'adorable marquise, avait de beaux et bons yeux. Elle aimait bien mieux qu'on lui écrivît pour lui annoncer l'arrestation de M. le Prince ou l'incroyable mariage de la grande Mademoiselle.

Au commencement du dix-huitième siècle où nous sommes, la Fosse-aux-Loups s'était de beaucoup restreinte, sinon en réalité, du moins dans l'usage qu'on en faisait. Elle était comme un de ces gigantesques manoirs du moyen-âge, où la famille amoindrie n'habite plus qu'une aile, tandis que le surplus tombe en ruines.

Les Loups y faisaient leur place d'armes, mais la Fosse, telle qu'elle était, n'aurait pu loger qu'une partie de leur armée. D'ailleurs cette armée n'était pas à demeure. Il n'y avait guère à la Fosse, en temps ordinaire, qu'un millier de mécontents, irrémissiblement compromis. Les autres restaient dans leurs loges ou dans leurs fermes, se joignant volontiers aux expéditions, mais gardés contre l'espionnage par leurs masques de fourrures.

La Fosse-aux-Loups moderne, telle qu'elle servait au joli sabotier et à sa bande, n'était composée que d'une grande galerie, bordée de cavités qu'on appelait des salles. La plupart étaient humides et inhabitables. La galerie seule et la grand'chambre présentaient un sol propre à servir de dortoir. Les hommes couchaient là sur la paille et pêle-mêle. Les femmes avaient leur réduit ailleurs, dans le prolongement de la grand'chambre qui s'étendait, sous l'ancien étang du Muys.

C'était un Rohan qui avait ouvert le premier les cavernes aux Bretons révoltés ; c'était un Rohan qui avait réglé leur association et qui leur avait donné ce nom de Loups. Rohan était le chef né des Loups de la forêt de Rennes.

Soit bizarre imagination, soit ruse pour dérouter les recherches de l'autorité française, on avait donné un nom féminin au général de cette sombre armée, qui s'appelait LA LOUVE.

Le sceptre de la Louve était la propre épée du duc Pierre de Bretagne, conservée dans la maison de Rohan. L'autorité de la Louve était souveraine et sans contrôle.

Il importe beaucoup de noter ceci : le pouvoir de ce mystérieux autocrate, quel que fût d'ailleurs son sexe, ne dépendait point des caprices du prestige et n'avait point pour base ces fantasques croyances qui dominent si tyranniquement les populations des campagnes bretonnes. En dehors de toute superstition, en dehors de toute influence traditionnelle ou légendaire, la puissance de la Louve était d'autant plus solidement fondée qu'elle prenait son origine dans un fait matériel. A l'heure du danger, la Louve tenait dans sa main la vie ou la mort de son peuple. Voici comment :

Les Loups ne connaissaient qu'une entrée à leur place d'armes, bien que l'opinion publique en comptât trois pour le moins et peut-être davantage. La Louve seul possédait le secret de Rohan. La Louve seule pouvait ouvrir les autres issues. Yaumy, le joli sabotier, avait fait tous ses efforts depuis des années pour découvrir au moins une des issues, mais ses fouilles étaient restées sans résultats.

Vers l'ouest, du côté de Rennes, la grotte présentait un roc terreux qui n'avait aucune solution de continuité. Vers l'est se trouvaient les chambres. Au-delà des chambres, le terrain cédait par places et des galeries s'ouvraient. C'était là qu'on avait sondé. On était parvenu à trouver une autre galerie transversale, mais bouchée à ses deux extrémités par des amas de grosses roches qui semblaient avoir été roulées là par la main de l'homme. Au-delà était un trou. Yaumy lui-même avait pénétré dans le trou.

A cinquante pas de la galerie, il avait trouvé un cours d'eau rapide et profond.

Du côté du nord, un énorme précipice s'ouvrait. Une pierre lancée dans cette cavité rendait un bruit sourd et lointain, comme si elle fût tombée dans les entrailles mêmes de terre. Entre le moment où elle rendait enfin un son en touchant le sous-sol, on pouvait compter jusqu'à cent.

Du côté du sud, enfin, c'était l'entrée connue, la porte par où les Loups allaient et venaient : La fameuse porte qu'une *brassée de blosses* devait cacher éternellement aux gens de France.

Par le fait, à moins de trahison, il était presque impossible de découvrir cette ouverture. C'était à trois cents pas environ de la chaussée, désemparée de l'ancien étang de Muys. Un petit ruisseau, affluent de la Vesvre, formait une miniature de cascade en tombant du haut d'un roc moussu, arrêté entre deux chênes géants et isolés. Au sortir de sa chute, le ruisseau coulait en ligne droite pendant une dizaine de pas, puis disparaissait dans les mousses. La terre l'*avalait*, comme on dit là-bas, pour le rendre à un quart de lieue de là, sur la lisière même de la forêt où il rejoignait la Vesvre.

Sous la cascade se trouvait le premier buisson d'un fourré, dru comme la toison d'un bélier au mois de la tonte, où se montrait çà et là cependant la tête grise du roc nu. Comme il n'y avait point de haute futaie en ce lieu, les touffes de ronces et de pruneliers mouraient, d'année en année brûlées par le soleil. On les voyait par places tantôt brillantes de verdure, tantôt sèches.

Une de ces touffes, à gauche du roc, était postiche et cachait la porte de pierre de la caverne. Lors même qu'on eût dérangé la brousse par hasard, tout n'aurait pas été dit ; il fallait encore faire basculer la roche et lever l'ancienne herse du pont-levis de Rohan, qu'on avait dressée en dedans. De plus, les assaillants arrivés jusque là, se seraient trouvés en face d'un trou noir, exposés au feu d'ennemis complètement invisibles.

Yaumy s'était fait fort de trouver une des autres issues, ce qui aurait rendu parfaite la sécurité de cette position, mais Yaumy n'avait pu tenir sa promesse.

La Louve l'aurait pu, la Louve ne le voulait sans doute point.

Du reste, il n'y avait pas à la Fosse-aux-Loups un seul associé qui pût se vanter d'avoir vu le visage de la Louve. Josselin Guitan passait pour être son premier ministre, et cela fit naître l'idée que le vieux Rohan, s'il vivait encore, ou, à défaut de lui, sa fille, restait dépositaire du grave secret ; — mais le vieux Rohan et sa fille avaient disparu du pays depuis si longtemps !

Quant à l'autorité du joli sabotier, elle ressemblait un peu à celle que Philippe d'Orléans avait sur le beau pays de France. Comme M. le régent, le joli sabotier s'était institué maître ; il avait dit : « tout le monde doit m'obéir, » et on lui obéissait. Il avait ses séides comme tout usurpateur, mais le gros de la bande ne le suivait qu'en attendant mieux. *Rohan ne meurt pas*, dit le proverbe de Tréguier. On espérait toujours que le vieux tronc de Rohan pourrait reverdir quelque jour.

Une fois passée la herse, on descendait une trentaine de marches glissantes, taillées à la bêche dans une terre argileuse, et l'on se trouvait au seuil d'une première chambre carrée, dont la voûte était soutenue par des piliers de bois vermoulu. Un second escalier moins haut conduisait à la cuisine, qui était de plain-pied avec le reste de la grotte.

Cette cuisine était une chambre irrégulière, longue de plus de cent pas et large de vingt ou trente.

Une cheminée semblable à celles des fermes bretonnes était maçonnée à son extrémité orientale. Le tuyau du foyer s'enfonçait dans une galerie inexplorée où se faisait sans cesse un courant d'air. Jamais la cheminée de la cuisine ne fumait. Evidemment la galerie voisine devait communiquer avec le dehors.

Mais où était l'orifice? Yaumy avait passé des semaines entières à explorer les taillis au-dessus. La fumée ne sortait nulle part.

Au-delà de la cuisine était le grand dortoir, puis les chambres, parmi lesquelles se distinguait celle où l'on tenait conseil. Dans celle-ci, qui, du reste, était située à la suite de la cuisine, même phénomène : le foyer dévorait sa fumée.

IX

DAME MICHON GUITAN

Il était trois heures de nuit. Tous les hommes de la Fosse-aux-Loups étaient à Rennes ; vous n'y eussiez trouvé que des femmes, sauf les sentinelles à leur poste et notre pauvre ami Magloire, courrier d'État, prisonnier.

A la tête des femmes se plaçait naturellement dame Michon Guitan, reine de la population féminine de céans. Elle était en train de faire bouillir d'immenses marmites, pour restaurer les gens de l'expédition. A gauche de la cheminée, de bonnes grosses filles, hâlées comme des marins ponantais, faisaient chauffer le four où l'on allait fourner.

La Fosse-aux-Loups n'était pas le paradis des femmes.

— Quoique ça, disait Michon Guitan, la cuiller de fonte à la main, ils vont revenir affamés et battus comme à l'ordinaire. Et je ne mens pas, tant qu'il n'y aura pas un chrétien pour leur dire : « A hue ! » et « à dia ! » ce sera toujours la même chose.

— Avez-vous vu votre gars, dame Guitan? demanda Nielle, une des fournières.

— Bien ! bien ! ma filleule, répliqua Michon ; mon gars n'est pas un marmot qu'on mène à la lisière, pas vrai? il fait ce qu'il veut.

— N'y a pas d'affront... commença Nielle.

— Bien ! bien ! je vous dis, fit dame Michon avec solennité ; le moins qu'on parle de ces affaires-là, c'est le mieux !

— De quelles affaires? demandèrent aussitôt une douzaine de fournières en s'approchant le bonnet de travers et la pipe à la bouche.

Dame Michon, sans ôter la sienne d'entre ses dents, tira de sa poche sa vaste corne à *petuner* et l'ouvrit à la ronde. Les fournières se fourrèrent du tabac en poudre plein le nez. Elles eussent voulu en prendre par les oreilles, tant l'esprit d'opposition au fisc augmentait la passion naturelle de ces demi-sauvages pour le tabac. Toute la politique du lieu était dans le tabac.

— Vous en verrez, mes cadettes, prononça gravement dame Michon en savourant à la fois sa poussière et sa fumée, vous en verrez sous peu du nouveau, c'est moi qui vous le dis! Quand mon gars me cause, c'est *motus*, je n'en dirais une parole pour or ni argent, mais ça se prépare!

— Quoi donc, quoi donc, dame Guitan?

— Ça se mitonne... Ah! ah! ça me fait rire, moi, voyez-vous! Ce bancal de Yaumy retournera à ses sabots!

— Vous ne l'aimez pas, dame Michon...

— Qui ça? le sabotier du fond de la Sangle? Je m'en soucie comme de ça, mes garçailles.

Elle secoua les cendres de sa pipe pour la bourrer de nouveau. En ce moment, derrière le four, on entendit un bruit léger. Les fournières dressèrent l'oreille, mais dame Michon ne s'émut point.

— Amenez-nous ce bêta-là! commanda-t-elle en élevant la voix plus qu'il n'était besoin; c'est honteux de voir un grand fainéant se prélasser comme ça, quand de pauvres femmes sont à la besogne!

Le bêta, c'était Magloire, qui se tenait couché par terre dans un coin. On alla chercher Magloire, ce qui empêcha d'entendre un second bruit qui semblait sortir de la cheminée. La vieille Michon eut une quinte de toux retentissante et prolongée.

Cathos, Nielle, Thurine, Scholastique et d'autres fournières étaient autour de Magloire, qui faisait le mort. Jacquette et Fancille, marmitonnes, se joignirent à elles, et tout d'une voix crièrent :

— Debout, le gars!

Magloire était sourd. Deux fournières et deux marmitonnes le prirent par les jambes et par les bras. Magloire se mit aussitôt à pousser des cris aigus.

Dame Michon, qui était tout oreilles pour analyser ce bruit mystérieux dont le faible écho semblait sortir des parois mêmes de la caverne s'écria d'un ton courroucé :

— Si tu cries comme ça, failli merle, on va te jeter dans le trou sans fond !

Magloire s'agita convulsivement entre les bras de ses porteuses, mais il ne dit plus rien. Dame Michon se reprit à écouter. Le bruit avait cessé.

Cathos et Nielle étaient pour les bras ; Jacquette

et Fancille tenaient les jambes. Elles vinrent déposer Magloire aux pieds de dame Michon, qui l'examina un instant d'un air dédaigneux.

— Ça a l'air d'une méchante quenouille, grommela-t-elle, avec de la filasse au bout.

Cette allusion à la couleur de ses cheveux déplut souverainement au fiancé de Sidonie. Il se leva sur son séant et passa la main avec coquetterie dans ses mèches jaunes.

— On est blond, quoi ! dit-il.

Le chœur des fournières et des marmitonnes se mit à rire en criant à tue-tête !

— Est-il vilain, ce petit paroissien-là ! Mon Dieu donc, est-il vilain !

— Ça a ses quatres laides pattes au complet ! reprit dame Michon qui l'examinait comme on fait d'une bête curieuse ; comment qu'on te nomme, miévrot ?

Magloire se recueillit un instant, puis il dit d'un accent plaintif :

— On m'appelle le jeune orphelin qu'a perdu sa famille, et je suis le plus cruel exemple de tous ceux qui s'est vu persécuter par la rigueur du sort !...

Ma foi ! il n'en fallait pas tant pour exciter l'intérôt chez Nielle, Cathos, Scholastique, Fancille, Thérèse, Thurine et Goton. Elles s'essuyaient déjà les yeux, les bonnes filles, avec des tabliers qui n'avaient aucun souvenir de la lessive. Magloire continuait :

— Vous pouvez bien vous attendrir de mes malheurs, étant la triste victime de tous les hasards, dès l'âge le plus tendre...

Au lieu de poursuivre cette complainte dont le début avait tant de promesses, Magloire rejeta tout à coup sa tête jaune en arrière et demeura bouche béante à regarder le trou de l'âtre. Un gnôme, un être tout à fait fantastique en sortait en ce moment, tenant à la main une longue perche au bout de laquelle était attaché un paquet de cardes ou têtes de chardons. Cette brosse était toute noire de suie, le gnôme aussi.

— Grincette ! s'écrièrent les filles, Grincette la ramoneuse !

Grincette sauta d'un bond au milieu du groupe, qui se dissipa pour éviter son dangereux contact. C'était une petite fille de douze à treize ans, chétive, difforme, malvenue, mais dont les yeux brillants comme deux diamants éclairaient un visage intelligent et malin. Grincette avait pour mission de déboucher périodiquement le tuyau de la cheminée, sans cesse embarrassé par des terres et des gravats qui tombaient on ne savait d'où. Dame Michon lui avait accordé sa haute protection.

Grincette vint se mettre derrière l'escabelle de la bonne femme, et pendant que les filles curieuses demandaient la fin de l'histoire du jeune orphelin, quelques paroles rapides s'échangèrent à voix basse entre la ramoneuse et dame Guitan.

— Eh bien! fit la bonne femme.

— Elle vient de passer, répliqua Grincette.

— Seule?

— Non pas... avec une petite demoiselle, jolie comme les amours.

— J'avais bien cru l'entendre! murmura dame Michon Guitan, qui, cette fois, ôta sa pipe de sa bouche pour se signer dévotement avec la croix de son rosaire; nous allons voir du nouveau. Que seulement la sainte Vierge nous protége!

— Après! après! criaient les filles autour de Magloire.

On peut être nigaud et rusé tout à la fois. Magloire en était un exemple. Il voyait bien qu'ici les récits de fredaines vraies ou fausses seraient mal accueillis. Ce qu'il fallait toucher, c'était la corde tendre. Magloire fit mine d'essuyer ses yeux qui étaient secs, et poursuivit :

— Je m'appelle Tircis. Je dois le jour à deux nobles familles dont l'une pour mon père et l'autre pour ma mère infortunée, morte à la fleur de ses ans dans les sanglots...

Deux fournières essuyèrent de vraies larmes.

— Pauvre mère, va! murmura Scholastique.

— Voilà donc qu'est bon, continua Magloire; j'ai juré de la venger jusqu'à la mort!

— C'est bien ça! s'écria-t-on tout d'une voix.

Magloire, malgré ses jambes en manches de veste et ses cheveux couleur de filasse, passait rapidement au grade de héros de roman dans ce rustique auditoire.

— Quoi donc, reprit-il, toutes les splendeurs des familles qui a une belle fortune et des rentes, entourèrent mon berceau. Ma nourrice était une bourgeoise, j'avais des langes de bazin et mon père un habit de soie brodée avec bas à jour...

Un soir qu'il passait au bord de la rivière, sans se méfier, quatorze hommes le plongèrent dans un sac de cuir, et lui firent finir ses jours au fond des eaux...

— Si c'est possible! gronda le chœur des fournières.

— Tout ça pour s'emparer de son argent, et vous avez devant vous son orphelin, élevé par mon oncle qui prit soin de moi, jusqu'à quand je pourrais voltiger de mes propres ailes... Mes ennemis avaient juré ma perte pour le jour de mes dix-huit ans...

Le cercle se resserra autour de Magloire.

— Mon oncle était malade au lit, poursuvit-il, d'une sueur rentrée dont ma tante ne savait plus à quel saint se vouer. C'est alors qu'on me tendit l'appât de Sidonie...

— Qu'est-ce que c'est que Sidonie? demandèrent toutes les fournières.

Magloire leva les yeux au ciel.

— La beauté de la rose! dit-il, et la meilleure éducation, sachant lire, écrire et calculer, dont nous convînmes que j'irais la demander pour mon épouse à ses parents le lundi soir...

Magloire s'arrêta. Il y avait autour de lui un rond de bouches béantes. Jamais Nielle, jamais Fancille, jamais Félicité ni Mathurine n'avaient entendu une si belle histoire.

— Si c'est possible! répétait-on : va y avoir qué'qu'chose à ce lundi soir-là!

Magloire poussa un énorme soupir et continua :

— Le lundi soir, au bas de l'escalier, les quatorze personnes qui ont fait la fin de papa m'attendaient sans chandelle. On me chargea aussitôt de chaînes, on me jeta dans une chaise de voyage avec un bâillon sur la bouche et on cria au postillon : Dans la forêt!...

— C'est vrai que les gars l'ont trouvé dans la forêt! dit Scholastique.

— Faut le mettre en liberté, ce jeune orphelin-là! s'écria Thurine.

Et toutes les filles furent de son avis.

Dame Michou Guitan, depuis le commencement du récit, causait bas avec la petite Grincette, qui faisait la description d'une belle dame et d'une jolie demoiselle, rencontrées par elle dans la partie du souterrain perdue derrière le four et la cheminée. Grincette n'avait point l'air étonné de cette rencontre.

Les fournières, cependant, et les marmitonnes se

mettaient en mouvement pour exécuter leur charitable dessein, lorsqu'une grande rumeur se fit du côté de l'entrée des grottes.

— Cachez-moi, mes bonnes chrétiennes! s'écria Magloire épouvanté : voilà mes ennemis!

II

LE JOLI SABOTIER

Il n'était plus temps de cacher Magloire. Les Loups se précipitèrent en tumulte dans la galerie. Ils étaient ivres de leur victoire et parlaient tous à la fois, racontant leurs hauts faits dans la ville conquise. Tout ce tapage fut d'abord favorable au pauvre Magloire, qui se tint coi à l'angle du four, attendant l'occasion de réveiller le tendre intérêt de ses protectrices. Mais il y avait là un Loup de Rennes rue Vasselot, portefaix de son état qui reconnut Magloire et l'appela par son nom.

Quand Thurine, Catiche, Fancille et le reste surent que Magloire ne se nommait pas Tircis et qu'il était apprenti boulanger, elles entrèrent dans une terrible colère. Le four, chauffé à point, faillit être appelé à cuire le fiancé de Sidonie. Heureusement qu'on avait autre chose à faire. Magloire eut grâce de la vie. On le condamna seulement à servir le four sous les ordres de dame Michon Guitan, dont il fut proclamé l'esclave à perpétuité.

La salle du conseil, grande pièce aux parois équarries à la bêche, était plus haut voûtée que la galerie. Une douzaine de troncs d'arbres, surmontés de madriers bruts posés en solives, soutenaient les terres supérieures. Il y avait à l'entour vingt ou trente billots encore revêtus de leur écorce : chaises curules du sénat des Loups.

Au fond, en face de l'ouverture qui donnait sur la grande galerie, on voyait pendre à plis raides et ternes la vieille tapisserie de drap d'argent que nous avons déjà vue aux premières pages de cette histoire. Elle servait en ce temps-là de séparation entre la salle d'armes de Rohan, où Alain Polduc et dame Michon Guitan avaient établi leurs quartiers rivaux, et le maître escalier du manoir. Ce fut elle qui s'ouvrit pour montrer le comte Guy arrivant à l'appel de ses vassaux en détresse.

Maintenant elle voilait une sorte de sanctuaire invisible dont, malgré les railleries du joli sabotier et de ses âmes damnées, aucun Loup n'approchait qu'avec crainte. Il était défendu de soulever la draperie ; mais chacun, dans les grottes, savait bien ce qu'il y avait derrière.

Il y avait une niche ou rotonde au centre de laquelle était placé ce vieux trône de famille qui ornait autrefois le grand salon de Rohan, au temps où Alain Polduc, le paysan parvenu n'avait point encore usurpé le domaine des juveigneurs de Bretagne.

C'était là que, suivant les traditions, la Louve s'était montrée aux ancêtres dans des circonstances solennelles ou à l'heure des dangers suprêmes. C'était là que la Louve devait apparaître encore, si les habitants de la Fosse-aux-Loups étaient destinés à jamais la voir.

Yaumy avait fait ce qu'il avait pu depuis quinze ans pour détruire le prestige de ce sanctuaire fermé. Mais il y avait là-dedans un grain de merveilleux: Yaumy avait perdu sa peine. Précisément à cause du mystère qui l'entourait, la Louve apparaissait, aux imaginations de ses sauvages sujets, grande comme les rêves du mysticisme breton. Ce n'était plus un être mortel, c'était la personnification du vieux droit ducal, c'était le génie de la nationalité.

Pendant que le gros de la troupe buvait, fumait et hurlait dans la galerie, un grave synode se tenait dans la chambre du conseil. Yaumy, l'intendant Feydeau, Alain Polduc et don Martin Blas, étaient réunis là dans un recoin obscur et causaient à voix basse.

Avant de se joindre aux membres de ce conciliabule, le joli sabotier avait eu une conférence d'un autre genre. Grincette, ce petit diable femelle que nous avons vu sortir de la cheminée, lui avait fait son rapport. La bonne dame Michon Guitan se croyait bien sûre de cette Grincette qu'elle avait élevée, mais Grincette aimait déjà l'eau-de-vie Yaumy lui donnait de l'eau-de-vie.

— Derrière la cheminée de la cuisine ! pensait le joli sabotier, en gagnant la chambre du conseil ; si je n'étais pas trop gros je passerais, moi aussi par le tuyau pour voir cela. J'ai toujours eu idée qu'il y avait là une issue, puisque la cheminée tire...

Dans la chambre, l'intendant et le sénéchal

étaient assis auprès l'un de l'autre ; ils parlaient avec vivacité. Martin Blas s'appuyait, sombre et muet, aux parois de la grotte. Yaumy s'approcha des deux premiers.

— Ici, coquin ! fit Martin Blas comme s'il eût appelé un chien.

Son visage contracté menaçait bien plus encore que sa parole. Cependant Yaumy n'obéit point. Alain Polduc lui dit :

— Les quelques heures qui vont s'écouler jusqu'à l'ouverture de la séance du parlement valent pour nous toute une vie. Ta fortune est faite, si tu peux nous mettre hors d'ici cette nuit.

Yaumy prit place sur une escabelle et ne répliqua point. Martin Blas fit un pas vers lui, la main sur son épée.

— Tu nous as trompés, misérable ! dit-il, tu nous as affirmé que tu étais le maître ici...

— Je suis le maître, repartit enfin le joli sabotier, qui passa le revers de sa main calleuse sur son front couvert de sueur froide ; la preuve que je suis le maître, c'est que vous êtes en vie tous les trois !

— Nous sommes prisonniers, objecta Polduc, donc tu n'es pas le maître.

Yaumy répliqua :

— Vous êtes prisonniers parce que je l'ai voulu. J'ai besoin de vous.

L'épée de Martin Blas sortit à demi du fourreau.

— Vous, dit le joli sabotier, qui le regarda en face, c'est différent, je n'avais pas besoin de vous. C'est vous qui avez voulu venir. Que vous ai-je promis? Que vous trouveriez ici la comtesse Isaure et la Cendrillon? Je n'ai pas menti : la Cendrillon et la comtesse Isaure sont ici.

L'intendant et son gendre échangèrent un rapide regard.

— Je veux les voir, reprit l'Espagnol, à l'instant!

— Moi, je ne le veux pas, riposta froidement le joli sabotier. Laissez là votre épée, croyez-moi, et ne vous approchez pas trop, car, si vous passiez certaine limite, vous pourriez voir que les pauvres balles de nos mousquets sont assez dures pour casser une tête de gentilhomme. Il y a en ce moment quatre bonnes paires d'yeux qui vous visent, monsieur l'ambassadeur du roi d'Espagne, et votre front est au bout de quatre bonnes carabines qui jamais n'ont manqué leur coup!

Involontairement, Martin Blas jeta un regard autour de lui. Yaumy se prit à rire.

— Regardez cela, reprit-il en montrant la sanglante cicatrice que le pommeau de l'épée de Rieux avait laissée sur son visage ; je n'avais qu'un mot à souffler pour faire sauter le crâne de celui qui m'a marqué ainsi...

Il ajouta avec un mouvement d'orgueil :

— Je suis le maître... le maître des autres et de moi-même !

Ses sourcils fauves se froncèrent, et sous leur ombre profonde son œil lança un éclair.

— Vous la verrez, votre comtesse, reprit-il encore d'un ton dédaigneux, mais cette fois, aurez-vous le cœur de vous venger ?

— Que t'importe ? fit Martin Blas.

— Non ! poursuivit le joli sabotier comme en se parlant à lui-même ; ces gens là sont lâches en face des femmes... et puis, elle a une amulette : Il ne se vengera pas !

Sa tête chevelue disparut entre ses mains, qui pressèrent convulsivement son front. Evidemment, cet homme ne se ressemblait plus à lui-même. Son cerveau fermentait. Il avait une grande idée ou bien la folie le cherchait. Ou bien encore il avait caché son jeu depuis quinze ans et personne n'avait deviné sa force.

Quand il se découvrit le visage, il était très-pâle et ses yeux brûlaient.

— Je suis le maître ! répéta-t-il comme pour affermir sa propre conviction, mais je ne peux rien contre elle, parce qu'elle a un charme. N'a-t-elle pas traversé le feu et l'eau ? J'avais mis une balle d'argent dans mon mousquet, le jour où je tirai sur elle à la croix de Mi-Forêt. Moi qui tue un lièvre à la course à trois cents pas, j'étais à cinquante pas d'elle, et j'ai retrouvé ma balle écrasée à la place où elle s'agenouillait devant l'image de Notre-Dame...

— C'est donc bien vrai que vous avez tenté de l'assassiner ? dit Martin Blas, dont le regard quitta Yaumy pour se reporter sur l'intendant et sur le sénéchal. Qui vous avait payé pour cela ?

Polduc se borna à faire un tout petit mouvement d'épaules, et l'intendant murmura :

— Je suis un homme de qualité.

-- C'est vous, s'écria tout à coup le joli sabotier, dont les lèvres blêmes se bordèrent d'écume, —

c'est vous qui m'avez menti tous les trois, gentilshommes que vous êtes ! Je comptais sur vous pour tuer cette femme, mais elle vous a fait peur !... Il n'y a que moi ! la guerre est entre elle et moi ! Il faut frapper... je frapperai ! Je veux être le maître ! Si la roche que je vais ébranler me tombe sur la tête, tout est dit ! qu'importe la mort ?

Il se tut. Dans la galerie voisine, des éclats de gaieté montaient avec la chaude vapeur qui se dégageait de la cohue en fièvre.

— Tu es avare, vieux Yaumy, dit le sénéchal, et nous t'avons proposé ta fortune.

Le joli sabotier eut un rire strident.

— Ma fortune ! répéta-t-il. Que m'en aurait-il coûté pour piller vos deux châteaux ? Je suis plus riche que vous, car tout ce que vous avez est à moi, si je veux. Il n'y a qu'une chose, c'est d'être le maître. Cela vaut tout le sang d'un homme. Le reste n'est rien.

Il s'arrêta et ferma ses deux gros poings pour menacer le ciel.

— Tenez ! s'écria-t-il d'une voix étranglée, c'est une malédiction, vous allez voir ! Il n'y a qu'une arme pour la tuer, cette femme, c'est son secret. Je l'ai, son secret, mais le jour où je vous dirai son nom, la forêt tremblera... et toutes ces bêtes fauves qui sont là me déchireront avec leurs dents !...

Sa parole était courte et brisée. Des saccades convulsives tiraient tous les muscles de sa face.

— Et sa force, reprit-il en se levant tout à coup, savez-vous où elle est ? J'ai passé mes jours et mes nuits à chercher ces issues maudites. Si je pouvais dire : « Je connais, moi aussi, le mystère de ces portes, » rien ne me résisterait. Son prestige est là. Eh bien ! Je vais le lui arracher son prestige !... Ce qu'elle sait, je vais le savoir !

Il s'arrêta debout au milieu de ses trois compagnons.

— Vous voulez être libres, n'est-ce pas ? leur demanda-t-il brusquement.

Il n'y eut à répondre que l'intendant et le sénéchal. Ils voulaient en effet sortir des grottes à tout prix. Martin Blas avait d'autres vues.

Yaumy saisit le bras du sénéchal et l'entraîna à l'autre bout de la chambre. Ils causèrent un instant très-bas et avec une grande vivacité.

Martin Blas s'était assis et songeait. L'intendant suivait d'un œil inquiet la conversation de son gendre avec le sabotier. Cette nuit terrible avait complétement lavé le savant badigeon de son visage. Le blanc, le rose, le bleu, tout avait disparu. Le malheureux Achille-Musée était à l'état de nature, avec ses rides profondes, marbrant des joues de parchemin, et ses rares cheveux gris qui, révoltés, sortaient des bords de sa perruque. Son petit miroir de poche avait remplacé pour lui la fontaine de Narcisse, et s'il souhaitait passionnément d'être libre, c'était pour restaurer ses peintures.

Il vit que son gendre et le chef des Loups s'entendaient à merveille. Polduc se frottait les mains et tapait, ma foi, sur l'épaule du joli sabotier d'un air tout amical. Ce fut au point qu'Achille-Musée prit le courage de quitter sa place et de s'approcher d'eux. Quand il fut à portée, voici ce qu'il entendit.

— Si vous n'avez pas froid aux yeux, disait Yaumy, dans une heure tout peut être fait. Je vous donnerai un guide pour retrouver l'entrée de la grotte. Les soldats de Conti nous ont suivis jusqu'au gué La Vache ; ils doivent être campés dans la clairière. Un temps de galop les mettra sous l'étang de Muys où ils trouveront, Dieu merci ! leur charge de rochers. Que chaque homme apporte seulement une pierre, et l'entrée de la Fosse sera bientôt bouchée.

— Ce n'est pas un piége que tu nous tends là, mon gars? fit le sénéchal, qui commençait à réfléchir.

Achille-Musée était maintenant tout oreilles.

— Non, répondit le joli sabotier, ce n'est pas un piége. Vous avez vos affaires, j'ai les miennes, voilà tout.

— Mais comment te sauveras-tu, si l'entrée est bouchée?

— Si je ne sais pas tout, je sais beaucoup, répliqua Yaumy avec une certaine répugnance, et comme s'il n'eût cédé qu'au besoin de fournir des garanties à son interlocuteur ; je sais où trouver la comtesse Isaure en ce moment. Je sais en outre qu'elle a auprès d'elle une jeune fille qu'elle voudra sauver à tout prix. Quand on lui aura dit : « La porte de la Fosse est bouchée, » la comtesse Isaure trouvera bien une issue...

— Ah! firent en même temps le beau-père et le gendre.

Et Polduc ajouta :

— Comment peut-elle savoir ce que tu ne sais pas?

— Et moi, je serai derrière elle sans qu'elle s'en doute, acheva au lieu de répondre, le joli sabotier qui suivait son idée, et pour le coup j'aurai le grand secret... Je serai le maître !

— Mais alors, commença le sénéchal, la comtesse Isaure est donc?...

Il n'acheva pas, parce que la main du sabotier se posa rudement sur sa bouche.

— Ce mot-là éveillerait ici un terrible écho ! murmura-t-il. Silence !

— La laisseras-tu sortir? demanda encore Polduc.

— Si la lame de mon couteau n'est pas de beurre, non ! répliqua Yaumy avec une singulière énergie.

— En ferais-tu le serment ?

— Oui.

— Sur ton salut éternel ?

— Sur mon salut éternel !

— Tope ! fit Polduc, qui lui tendit la main.

— Tope ! ajouta Achille-Musée, à qui on ne demandait rien.

— Attendez-moi donc ici cinq minutes, reprit le joli sabotier ; je vais me débarrasser de l'Espagnol, d'abord.

Il alla droit à Martin Blas et lui dit :

— Me voici prêt à vous conduire auprès de la comtesse Isaure.

Martin Blas se leva sans répondre, et ils sortirent tous les deux.

XI

MÈRE ET FILLE

C'était une sorte de petite cellule maçonnée, dont les murs étaient recouverts d'une tapisserie de serge. Elle avait une seule porte qui s'ouvrait sur un couloir étroit et noir, d'où venait un grand courant d'air, imprégné de fumée et qui agitait vivement la flamme de la lampe. Dans la cellule, il y avait une couchette et quelques escabelles, sur l'une desquelles un costume de paysanne en bure brunâtre était plié. Au chevet du lit était un livre d'heures, et un rosaire pendait à la ruelle.

On entendait là une étrange confusion de bruits et de voix : Les mêmes bruits et les mêmes voix qu'on entendait dans la caverne elle-même.

Les sons du biniou et de la bombarde qui animaient les danseurs dans la galerie arrivaient parfaitement distincts, ainsi que le grave bavardage de dame Michon Guitan, qui perfectionnait l'éducation souterraine du malheureux Magloire, en qualité de chaufournier. Quand une clameur soudaine se faisait dans la galerie où festoyaient les Loups, les parois de la cellule tremblaient. Le couloir, situé au-devant de la porte, était froid, mais non pas humide. Il y régnait un vent violent qui emportait avec lui ces âcres odeurs de fumée dont nous avons parlé.

Le raisonnement bâti par le joli sabotier au sujet de ce déplacement d'air qui favorisait le tirage de la cheminée de la cuisine n'était pas d'une rigoureuse exactitude. Dans les grottes d'une vaste étendue, la seule différence des niveaux, et par conséquent des températures, peut déterminer des courants continus.

Il y avait deux femmes dans cette cellule : la comtesse Isaure et Céleste. Toutes deux gardaient encore leurs costumes de bal. La comtesse Isaure était assise sur le pied du lit ; Céleste s'agenouillait près d'elle.

La comtesse Isaure, penchée en avant, tenait la

tête de Céleste pressée contre son cœur. Les belles boucles blondes et brunes de leurs cheveux se mêlaient. Un peintre eût cherché longtemps avant de grouper plus gracieusement deux plus ravissantes créatures.

Elles souriaient toutes deux des sourires pareils ; elles pleuraient les mêmes larmes.

— Ma mère, ma mère, ma mère ! disait Céleste, mettant ses délices à répéter ce mot, est-il possible que Dieu m'envoie tant de bonheur !

— Ma fille ! répondait Isaure, ma fille chérie ! j'ai espéré quinze ans cette heure qui paie toutes mes souffrances !

Et c'étaient des baisers sans fin. Isaure reprenait :

— Laisse-moi te dire, Marie... car tu t'appelles Marie, et ton enfance fut vouée à la bonne Vierge mère de Dieu. Laisse-moi te demander pardon de t'avoir laissée si longtemps seule, si longtemps malheureuse et abandonnée. Nous étions proscrits. Je veux que tu saches tout cela...

— Mais vous êtes bien trop belle et trop jeune, interrompit Céleste, pour être ma mère !

Elle se reculait, riant et pleurant.

— Belle! reprenait-elle, belle comme les saintes du ciel! Ma mère, ô ma mère!... ma chère mère!
Et des baisers encore. Elles ne se lassaient point, insatiables toutes deux de ce divin bonheur si long temps attendu.

Puis madame Isaure prenait un ton bien grave.

— Chère folle, disait la maman sévère, ne m'écouteras-tu point?

— Si vous parlez de vous, rien que de vous, ma mère, oh! oui, je vous écouterai!

— De moi et de toi, Marie. Toi, n'est-ce pas encore moi! Te souviens-tu du récit que te fit la Meunière dans les pauvres ruines du moulin? Ce jour-là, ton destin se décidait; ce jour-là, les efforts de ta mère ramenaient en Bretagne l'homme qui devait y faire naître la concorde et la paix; le comte de Toulouse... Tu souris parce que sa bienvenue a été payée par une bataille. Te voilà encore bien jeune, petite fille, pour que je t'explique le jeu mystérieux des factions À cette bataille, tout le monde a gagné, Marie, et toi plus que les autres. Ce sera la dernière, si Dieu nous est en aide. Voici deux jours seulement qu'on t'a dit ta bonne aventure, et demain, tu seras la femme d'un grand seigneur...

— Demain ! répéta Céleste.

Puis elle ajouta rougissant et souriant à la fois:
— Raoul n'est encore que capitaine!
— Qu'était-il hier? demanda la comtesse Isaure, ne crois-tu pas aux prédictions de la Meunière?

Céleste dévorait ses mains de baisers.

— C'était vous, ma mère, c'était vous ! dit-elle, je vous ai bien reconnue.

— C'était moi. Et que d'années avant d'arriver à cette première joie !... Mais je ne sais par où commencer mon histoire, Marie, ma fille bien-aimée. Nous n'avons que quelques minutes, et j'ai tant de choses à te dire ! Heureusement que la Sorcière a bien avancé ma besogne l'autre jour... Je veux t'expliquer d'abord pourquoi tu as été confiée aux mains des ennemis de ta race. Ce fut à une époque où le terrain manquait sous mes pas : mon père était prisonnier ; Josselin Guitan, l'unique serviteur qui me restât fidèle, s'en allait mourant d'une blessure qu'il avait reçue en me servant. J'étais seule, et il me fallait partir pour Paris. Une voix me disait que là était le salut.

Je savais que le traître Alain Polduc et son beau-père l'intendant Feydeau cherchaient partout ma fille et le fils de mon frère, et je savais dans quel but ils les cherchaient. Dieu m'inspira. Ce fut pendant ma prière à Notre-Dame-de-Mi-Forêt que l'idée me vint de te placer, pauvre enfant, au centre même du camp ennemi. Comment Polduc et Feydeau eussent-ils pu soupçonner tant d'audace ? Je pensais d'ailleurs ne m'éloigner de toi que pour quelques semaines. J'emportais avec moi une clé qui devait m'ouvrir toutes les portes à Paris.

Mais les conseils politiques ne décident rien en un jour. J'ai travaillé dix ans.

Qu'importe, Marie, puisque te voilà dans mes bras, que je baise ton front si doux et que je vois ton pur sourire ?...

Céleste attira contre son cœur les deux mains de la comtesse Isaure, qui sourit et dit :

— N'allons nous point reparler de Raoul ?

Et sans attendre la réponse, elle ajouta.

— Je l'aime aussi et depuis longtemps, je l'aime presque autant que toi. Dieu est bon et la Providence se montre en tout ceci. J'avais dit : Celui qui aimera ma fille aura du bonheur. Tout obstacle s'aplanira devant ses pas. Si bas que le sort l'ait mis, il montera, soutenu par une invisible main ; il montera jusqu'au trône ducal où s'asseyaient mes pères. J'avais dit cela dans mon orgueil. Mais Dieu, qui punit tous les orgueils, voit d'un œil clément l'orgueil des mères, parce que c'est de l'amour. Le bonheur de Raoul a été de t'aimer. Notre bonheur, à nous, c'est que Raoul t'ait aimée, car Raoul est le fils de mon frère César, et, en servant mes tendresses maternelles, j'accomplissais du même coup un devoir...

— Raoul ! mon cousin ! s'écria Céleste ; et quel est donc notre nom, ma mère ?

— Tu ne l'as pas deviné, Marie ? Bien souvent, cependant, tu entendis raconter ta propre histoire, mais c'étaient là pour toi, pauvre enfant, des contes de veillées et des légendes. Si tu as versé parfois des larmes en écoutant le récit du « dernier jour de Rohan, » comme ils disent encore dans la forêt, c'est que tu as bon cœur...

— Oh ! j'ai bien pleuré ! dit Céleste.

— Tu ne te doutais point, poursuivit Isaure, que l'enfant endormi dans les bras de Valentine chassée et maudite, c'était toi.

— Moi ! fit Céleste toute pâle ; je le craignais, ma

mère... mais je tâchais de n'y point croire. J'ai été trop longtemps une pauvre fille : Ce grand nom de Rohan me fait peur !

Isaure la pressa frissonnante contre son sein.

— S'il plaît à Dieu, dit-elle, ce grand nom de Rohan te sera léger à porter. J'ai travaillé à cela pendant une vie tout entière.

En achevant ces mots, elle cessa soudain de soutenir Céleste, qui glissa sur ses genoux. Sa physionomie avait changé d'expression. Elle écoutait, l'œil fixe et la tête penchée. Elle se leva sans bruit.

— Attends! dit-elle.

D'un pas léger elle s'engagea dans le corridor. Le corridor, dans son prolongement septentrional, aboutissait à une impasse. C'était la fin des grottes de ce côté. Isaure colla son oreille à la paroi de terre.

— Ils sont là ! murmura-t-elle.

Elle venait d'entendre la voix de Martin Blas, invisible, mais tout proche et séparé d'elle seulement par une mince cloison de terre prononcer distinctement ces mots que le lecteur reconnaîtra :

— « Tu nous as trompés, misérable ! »

Puis vint la réponse de Yaumy :

— « Je suis le maître : La preuve que je suis le maître, c'est que vous êtes en vie tous les trois ! »

La comtesse Isaure était là, au revers de la chambre du conseil, où commençait l'entrevue à laquelle nous avons assisté.

Elle écouta pendant quelques instants, puis elle continua de marcher dans l'obscurité la plus profonde, et sa main, qui tâtonnait, trouva une petite porte de bois. Elle frappa trois coups doucement, et demanda tout bas :

— Es-tu là ?

La voix de Josselin Guitan lui répondit :

— Je suis là.

— Peux-tu les entendre ?

— Je ne perds pas une parole.

Isaure, pensive, mais calme, revint à la cellule, où Céleste l'attendait toute tremblante.

— Nous aurons plus de temps que je ne le pensais, dit-elle ; ne t'effraie pas, fillette, les terreurs de cette nuit ne sont pas finies, mais tu as ta mère près de toi.

— Ne me quitte plus ! murmura Céleste en la tutoyant pour la première fois.

Cela lui valut une caresse.

— Où en étais-je ? reprit madame Isaure ; je ne peux pas tout te dire, parce que tu ne comprendrais pas. Tu n'as jamais entendu parler de madame de Saint-Elme, n'est-ce pas ?

— Jamais, répondit la jeune fille.

— C'est le nom d'une femme isolée et faible, à qui Dieu donna le pouvoir d'empêcher la guerre entre deux peuples. C'est le nom d'une femme qui, sans appui ni secours, sut acquérir assez de pouvoir sur le Régent, Philippe d'Orléans, pour lui arracher cette promesse que pas une goutte de sang ne serait versé en Bretagne par suite de la conspiration de Cellamare. Quatre têtes tombèrent pourtant sous le château de Nantes. La femme dont je te parle n'en doit point compte à Dieu, car ce fut un quadruple assassinat.

Le front d'Isaure était penché sur sa poitrine.

— Pourquoi ne me parlez-vous plus de vous, ma mère ? demanda Céleste.

— Je te parle de moi, enfant, répondit la comtesse Isaure en se redressant, fière et grave, je te parle des jours les plus laborieux de ma vie. C'étaient quatre nobles têtes : Talhoët, le compagnon de mon enfance ; Malestroit de Pontcallec, le vrai gentilhomme ; du Couëdic, qui mourut en baisant les pieds du crucifix. Longtemps je n'ai pu fermer les yeux sans voir leurs fronts de martyrs... car c'était moi qui avais découvert au régent de France les intelligences de l'Espagne avec les gentilshommes Bretons.

— Vous, ma mère !

— Pour toi, ma fille. Je ne m'en repens pas. Ces quatre têtes tombées ont épargné des milliers d'existences... Mais Dieu veuille, enfant, que tu n'approches jamais du trône, même pour bien faire. Il y a là des fatalités. Les souvenirs qu'on en garde ressemblent trop souvent à des remords.

Elle se tut. Céleste n'osait plus l'interroger.

— Sur mon salut, reprit Isaure, sur toi, Marie, qui m'est chère presque autant que ma part de bonheur éternel, je jure que j'ai agi suivant ma conscience ! En ce temps, ma fille, j'aurais pu être grande, mais je ne voulais être que mère. Déjà une fois ton berceau bien-aimé s'était mis entre la gloire et moi. Déjà une fois j'avais montré ton sommeil souriant au fils de Louis XIV en lui disant : « Vous voyez bien que je ne peux pas être votre femme. » Au régent de France, qui me jugeait ambitieuse, je pus répondre encore : Tout ce que je fais est pour ma fille !... Ma fille ! voilà la chère étoile qui m'a guidée. Quand j'étais lasse et découragée, je me mettais à genoux, je parlais de toi à la Vierge et à Dieu. Tu me consolais de tout, Marie, ma bien-aimée, et, quand après mes nuits de veille, je retrouvais dans quelque triste retraite mon malheureux, mon noble père privé de raison, ton nom me sauvait du désespoir. Ma fille ! ma fille ! je n'avais que cela, moi, et c'était assez. Comment veux-tu que je te dise à quel point je t'aime, Marie, toi qui as été mon talisman, mon espoir et ma vertu ? Te voilà qui pleures, enfant... N'est-ce pas que tu m'aimes bien, toi aussi ?

Céleste n'avait plus de paroles, mais quelles paroles eussent pu remplacer l'éloquence de ses yeux inondés de larmes.

— J'ai bien travaillé, murmura Isaure, faible en ce moment comme l'enfant qui était à ses pieds ; j'ai bien souffert ! Mais qu'est-ce que cela, mon Dieu ! pour l'heure délicieuse que votre bonté me donne ? Marie ! te voilà bien à moi ! Nous ne nous séparerons plus.

— Est-ce vrai, cela, ma mère ? s'écria Céleste,

qui eut un sourire radieux au travers de ses pleurs.

Isaure lissait de la main ses beaux cheveux dénoués et l'admirait en silence.

— Que je te dise! reprit-elle avec ce ton naïf et heureux des mères penchées sur le berceau chéri qui contient tout leur cœur : que je te dise tout ce que j'ai fait pour toi, Marie... ou pour moi plutôt mon bien-aimé trésor! Oh! il fallait combattre, va! tout était contre nous. A Paris, j'étais donc la baronne de Saint-Elme, poursuivie par mille haines et soutenue seulement par le capricieux engouement du Régent. A Rennes, j'étais la comtesse Isaure, parce qu'il me fallait savoir le fort et le faible de ces myriades d'intrigues qui se croisent autour du parlement, parce qu'il me fallait de l'or et des partisans, parce que, enfin, en travaillant pour toi, je voulais bien sauver notre pauvre et vaillante Bretagne entraînée à sa perte. Dans la forêt, j'étais Valentine de Rohan, ou plutôt je portais un autre nom mystérieux et terrible qui me faisait la reine des sauvages habitants de ces cavernes : il me fallait des soldats, ce nom me donnait une armée. Sur l'ancien domaine de mes pères, enfin, j'étais la Sorcière, afin de tracer autour de la retraite où je cachais mon père proscrit un cercle mystérieux et infranchissable.

Céleste était comme éperdue.

— Mon Dieu! mon Dieu? fit-elle. Et tu as pu faire tout cela sans mourir à la peine, ma mère, ma pauvre mère!

Puis, emportée par l'élan de son admiration :

— Ma noble mère! ajouta-t-elle.

— Je te dis que je pensais à toi! fit doucement Isaure.

— Et moi qui ne savais pas! s'écria la jeune fille ; et moi qui pleurais ma misère!

— Oh! reprit la comtesse, j'aurais donné de mon sang, Marie, pour chacune de tes larmes! je savais, jour par jour, ce que tu faisais et ce que tu souffrais. Moi aussi, j'ai accusé Dieu dont la main, à mon gré, n'allait pas assez vite. Le temps passait. Une crainte grandissait en moi. Alain Polduc pouvait découvrir ta naissance...

— Mais pourquoi tant de travaux, ma mère? ne put s'empêcher de dire Céleste ; pourquoi ne pas me prendre avec vous dès le commencement? Nous aurions fui dans quelque retraite ignorée, nous aurions caché notre bonheur...

Elle s'interrompit confuse et presque effrayée. Elle ne reconnaissait plus le regard de sa mère. Celle-ci lui mit la main sur le front.

Sa physionomie, qui était devenue sévère, s'éclaira tout à coup. Elle eut un grave et doux sourire.

— Marie, prononça-t-elle lentement, nous ne pouvons pas fuir, nous ne pouvons pas être heureux ailleurs que dans la maison des ancêtres. Tu comprendras cela quelque jour : nous sommes les Rohan, ma fille... non pas ceux de Paris : les Rohan de Bretagne !

XII

LES OTAGES

Là-bas, ce vieux grand nom de Rohan sonnait comme le cor, éclatait comme le tonnerre. Le joli visage de Céleste prit une expression de fierté.

— Je le comprends déjà, ma mère, répondit-elle : nous sommes les Rohan. Je vous demande grâce pour ce que je viens de dire.

Le sang des chevaliers s'éveillait-il déjà dans ses veines?

— Chère! chère enfant! murmura la comtesse Isaure, le ciel clément se venge de nos murmures en nous couvrant de bienfaits. Tu vas naître à ta vie nouvelle. Depuis une minute, c'est le cœur de tes pères qui bat dans ta poitrine... vois et admire!

L'heure de notre victoire a sonné au moment même où Polduc allait te perdre. Cette nuit, tu devais être enlevée...

— Cette nuit! répéta Céleste, qui eut un frisson.

— Cette nuit qui précède le grand jour, tout nous arrive à la fois. Toulouse est gouverneur, Toulouse qui me doit deux fois la vie. La princesse, pauvre femme abusée, a essayé contre moi un outrage public qui tourne à ma gloire. Nos ennemis sont ici, sous cette voûte, en mon pouvoir. Ils avaient fixé à demain le dénoûment de leur œuvre inique ; demain, nous serons fortes et assurées de vaincre... Que nous manque-t-il, en effet? Les preuves de la double naissance, le témoignage établissant que Raoul est le fils de César comme tu es, toi, la fille de Valentine. Eh bien! hier, entends cela, Marie, hier, le comte Guy de Rohan, mon père, à qui Dieu avait pris la raison depuis bientôt quinze années, hier, le comte Guy a reconnu sa fille. Un travail s'est fait en lui. Les ténèbres qui voilaient son esprit se sont déchirées, il a dit en me baisant sur le front : Valentine, tu me conduiras à la tombe de mon fils César, Valentine, je te bénis, pardonne-moi !

— Ainsi, s'écria-t-elle en un grand élan de triomphe, Rohan parlera! Rohan l'a promis! Et quand Rohan viendra dire : « Celui-ci est le fils du fils que j'ai maudit; celle-là est la fille de la fille que j'ai chassée! » qui osera douter de la parole de Rohan?

Il y eut un silence. Isaure se recueillait en elle-même, et Céleste, accablée, perdue, éblouie, cherchait à voir clair dans la confusion de ses pensées.

— Mais, demanda-t-elle pourtant tout à coup, mon père à moi? vous ne m'avez pas encore parlé de mon père!

Un nuage vint assombrir le beau visage d'Isaure.

— La première personne que tu verras cette nuit, Marie, répliqua-t-elle d'une voix changée, ce sera ton père!

Céleste baissa les yeux sous son regard. Elle sentait vaguement la menace cachée sous ces paroles dont le sens littéral était une promesse.

— Quoi qu'il arrive, acheva la comtesse Isaure d'un ton de grave autorité, souviens-toi que tu lui dois respect et amour!

C'était à ce moment-là même, que Yaumy quittait la chambre du conseil avec don Martin Blas à qui il avait promis de lui livrer Isaure. Il l'introduisit dans une cavité qui avait dû former boyau latéralement à la chambre du conseil, et à la grande galerie, mais qui se terminait par un monceau de roches, jetées là au hasard. Il appuya son épaule contre la paroi de la grotte, qui céda sous son effort.

Martin Blas ayant grimpé à son tour, vit un second couloir, plongé dans une obscurité profonde, mais sur lequel donnait la porte d'une chambre éclairée. Yaumy le fit passer devant et lui dit :

— Elles sont là.

Martin Blas se trouva seul dans le couloir. Yaumy avait disparu.

Martin Blas ayant fait quelque pas, deux voix de femmes arrivèrent jusqu'à lui. Son cœur battait violemment. C'était de colère et de haine, car il n'y avait en lui à cette heure que des pensées de vengeance.

Mais cette haine et cette colère, chacun l'a deviné, c'était encore de la tendresse. L'amour ne meurt pas.

En arrivant en face de la porte, il vit le groupe formé par la mère et la fille, groupe charmant, car ces deux têtes avaient comme une auréole de douces larmes et de sourires.

Il appuya ses deux mains contre sa poitrine haletante. C'était sa femme et c'était sa fille. La femme qu'il avait tant aimée, vers qui s'élançait toute son âme.

Que de bonheur réuni là, sous sa main ! Quel précieux trésor auquel il lui était interdit de toucher ! Elles étaient belles. La lumière de la lampe jouait à leurs fronts qui se touchaient. Martin Blas fut obligé de demander un appui à la paroi de la galerie. Ses jambes pliaient sous le poids de son corps.

Cette chère jeune fille, c'était l'ange blond qu'il baisait autrefois dans le mystérieux berceau, au-dessus duquel veillait Valentine attentive et souriante. Les jours lointains renaissaient. Il souffrait. Il eût voulu mourir. Que fallait-il, cependant, pour changer cette angoisse en bonheur?

Le bruit que fit Martin Blas en touchant la paroi du corridor souterrain éveilla l'attention de madame Isaure, qui était sur ses gardes. Elle se leva aussitôt et dit :

— Entrez, monsieur de Saint-Maugon ; je vous attends.

Celui que nous appelions Martin Blas, Morvan de Saint-Maugon qui hésitait peut-être, vit un défi dans ces paroles ; il se redressa de sa hauteur.

— Marie, ajoutait cependant la comtesse Isaure, levez-vous, et saluez votre père.

Saint-Maugon entra, la pâleur au front et les sourcils froncés. Céleste jeta sur lui un regard timide. Elle le reconnut pour l'homme qui avait insulté sa mère dans le salon du présidial.

— Lui ! s'écria-t-elle, lui, mon père !...

Elle couvrit son visage de ses mains. Saint-Maugon eut un sourire amer.

— Vous m'avez calomnié près d'elle, dit-il, je m'y attendais. Moi, je ne vous calomnierai pas, madame, il me suffira de la vérité pour vous accabler. A mon tour de parler ! Je veux que ma fille soit juge entre sa mère et son père !...

———

Yaumy était revenu dans la salle du conseil auprès de l'intendant et du sénéchal. Pour gagner l'en trée de la Fosse-aux-Loups, il fallait traverser la grande galerie où les paysans de la forêt célébraient leur victoire. Le joli sabotier n'avait plus cet air fanfaron et goguenard que nous lui connaissons. Sa tête pendait sur sa poitrine, et l'ardent éclat de ses yeux disait seul quelle énergie restait en lui.

— Est-ce que tu as peur? lui demanda Polduc.

— Non répliqua le joli sabotier froidement; je joue ma vie sur une carte, et je tâte la carte, voilà tout, avant de jouer. Si j'étais bien sûr que vous ferez comme vous avez dit...

— Nous le ferons interrompit Polduc. Toi, souviens-toi seulement de ta promesse!

— En route, commanda le joli sabotier, et tâchez de vous conduire comme des hommes le long du chemin!

Il entra le premier dans la galerie, où sa présence fut saluée par une acclamation. Ce n'était pas un homme ordinaire que ce Yaumy. Les Loups avaient grande confiance en son intelligence et en sa résolution. Il avait là de nombreux et chauds partisans.

— Le joli sabotier! s'écria-t-on; un coup à sa santé, les gars et les filles!

La danse s'arrêta; on fit circuler les cruches d'eau-de-vie. L'intendant et le sénéchal étaient l'objet d'attentions qui ne les rassuraient point trop. Polduc faisait cependant bonne contenance; mais Achille-Musde commençait à trouver le trajet long. Ils n'étaient encore qu'aux premiers pas.

— A ta santé, cousin Yaumy! cria Josille, qui ne tenait plus guère sur ses jambes.

Le voyageur Julot demanda:

— Qu'est-ce que tu veux donc faire de ces deux museaux-là, cousin Yaumy?

— Tais ton bec répliqua le joli sabotier, ou gare dessous!

— Ne les irritez pas! murmura Polduc à son oreille.

— Je sais comment les prendre, répondit Yaumy; le danger n'est pas pour à présent... Buvez, dansez, mes enfants, reprit-il tout haut; moi, je travaille pour vous.

— Et que fais-tu pour nous, comme ça, les mains dans les poches, cousin Yaumy? demanda-t-on de toutes parts.

— M'est avis, ajouta le vieux métayer Jouachin,

que ces deux-là, qui sont avec lui, ne travaillent pas souvent pour le pauvre monde.

Puis d'autres :

— Garde-les bien toujours, Yaumy !... S'ils donnaient, pour se racheter, le quart de l'argent qu'ils ont volé, y en aurait gros !

Un gars qu'on avait tiré cette nuit de la prison de la Petite-Motte, où il était au cachot pour avoir assommé un receveur des tailles, vint allumer sa pipe à celle du joli sabotier.

— Vous ne dansez pas un rigodon avec nous, monsieur l'intendant ? demanda-t-il.

— Mon brave, balbutia Achille-Musée, ce serait avec plaisir, mais à mon âge, on ne danse plus.

Il fallait qu'il fût bien bas pour parler de son âge.

— Fais sauter M. le sénéchal, Javotte !
— Fanchon, fais sauter M. l'intendant !

Malgré ces cris qui allaient se croisant de toutes parts, entremêlés de longs éclats de rire, nul n'apportait obstacle à la marche de nos trois associés. Tout se bornait à du bruit jusqu'à présent. Sans faire semblant de rien, Yaumy descendait toujours et gagnait du terrain. L'idée n'était venue à personne qu'il voulût faire évader les deux prisonniers.

Tout en marchant, il se livrait à un manége que le gros de la foule ne remarquait point. Chaque fois qu'il apercevait dans la presse un de ces gars à mine de gibet que nous avons caractérisé déjà en les nommant ses gardes-du-corps, il portait négligemment l'index de sa main droite au coin de sa bouche. Le gars fendait aussitôt la foule et venait à l'ordre.

Il en rassembla ainsi une demi-douzaine. Les autres se perdaient dans les groupes et ne le voyaient point. Le joli sabotier, à ce qu'il paraît, pensait avoir besoin de tout son monde, car il faisait effort pour voir par-dessus les têtes. Malheureusement, il était court sur jambes et trapu. Sur son passage, derrière un pilier, Grincette, accroupie par terre, rongeait des noix auprès d'une tasse où on lui avait mis sa part d'eau-de-vie, car tout le monde en avait. Yaumy siffla doucement sans la regarder. La petite fille dressa la tête comme une couleuvre qui s'éveille.

Sans qu'il y eût d'autre communication visible entre elle et son maître, elle ôta ses sabots et se glissa dans la foule. L'instant d'après, les âmes damnées du joli sabotier étaient au grand complet autour de lui.

La danse avait repris, Yaumy gagnait du terrain. Il n'était plus guère qu'à vingt-cinq pas de l'entrée.

— Oh çà ! lui cria dame Michon comme il passait devant la porte de la cuisine, te voilà en bonne compagnie, sabotier ! Leur as-tu bien dit, à ces gueux, qu'une fois entrés à la Fosse-aux-Loups, on n'en sortait plus que les pieds devant ?

— J'ai fait à ma fantaisie, bonne femme, répondit Yaumy.

Dame Michon avait peut-être caressé trop souvent son écuelle, cette nuit. La vue de son ancien antagoniste Alain Polduc ranima en elle tout un monde de rancunes, pour la plupart très-légitimes.

— Entends-tu, traître coquin, reprit-elle en sortant de son antre pour mettre son poing sous le nez du sénéchal, tu ne sortiras pas vivant d'ici, c'est moi qui te le dis !

Polduc était plus pâle qu'un mort. Quant au malheureux Achille-Musée il grelottait la fièvre des poltrons. Magloire, qui avait été obligé de quitter ses habits volés pour prendre le costume simple et traditionnel des fourriers, aperçut en ce moment le beau-père et le gendre.

— Ah! Jésus-Dieu! s'écria-t-il de sa voix la plus perçante, voilà les deux qui sont la cause de tous mes malheurs! C'est les plus pervers de tous les vieux scélérats! Qu'ils ont séduit ma jeunesse sans expérience avec des liqueurs fortes et des pâtés pour m'enlever dans une voiture... je vas me revenger sur le plus ancien!

Ce disant, il porta sa pelle à fourner dans les yeux de l'intendant, qui se rejeta en arrière en poussant des cris de vieille folle. Yaumy, furieux de voir sa marche arrêtée pour si peu, voulut saisir Magloire au collet, mais Michon se mit bravement entre deux.

— Il est à moi, dit-elle, je te défends d'y toucher!

— Place, bonne femme! ordonna Yaumy, que l'inquiétude prenait.

Michon le regarda de travers.

— Place! répéta-t-elle; et pour aller où, par là, Judas?

— Il veut les faire évader, dit Magloire au hasard.

Michon devint écarlate. Elle fit un pas non point en arrière, mais en avant. Ainsi campée, elle barrait complétement le passage.

— Mauvais ! mauvais ! pensa le sénéchal.

— Nous sommes perdus, monsieur mon gendre ! soupira Achille-Musée d'un ton de désolation.

C'était presque l'avis du cousin Yaumy.

— Au diable ! mégère ! s'écria-t-il en fureur, te dois-je des comptes?

En même temps, il la poussa rudement de côté. Michon chancela. Un murmure s'éleva parmi les assistants. On entendit cent voix qui répétaient :

— C'est la mère à Josselin Guitan !

Et, de proche en proche, le murmure alla grondant et grossissant d'une extrémité à l'autre de l'immense galerie.

— Oui, s'écria la vieille femme en élevant le ton, on a frappé la mère de Josselin Guitan, parce qu'elle devinait une trahison. A l'aide, les Bretons ! à l'aide !

— En avant ! commanda Yaumy à ses Janissaires en sabots.

Le sénéchal et l'intendant se pressèrent contre lui. Les gardes-du-corps de Yaumy firent une trouée en un clin d'œil, et nos trois associés gagnèrent l'issue presque d'un bond. Magloire eut cependant le temps de donner à M. l'intendant un maître coup de pelle par derrière. Il s'en vanta le restant de sa vie. La pierre qui formait porte fut ouverte. Yaumy poussa dehors le gendre et le beau-père en disant :

— Il y a des chevaux sous la chaussée. Ventre à terre, et malheur à vous si vous me trahissez !

La pierre retomba. L'intendant et le sénéchal étaient dehors.

Il serait impossible de peindre le tumulte qui succéda à cet acte de violence. Ces gens aux trois quarts ivres, et dont le plus grand nombre ignorait ce qui venait de se passer, s'élançaient tous à la fois des profondeurs de la galerie. Ceux qui savaient et ceux qui ne savaient pas criaient tous ensemble. Les uns accusaient Yaumy, les autres le défendaient.

On parlait bien de trahison au hasard, car ce mot plane au-dessus de tout tapage dans une caverne de révoltés, mais le grief principal semblait être le coup porté à dame Michon Guitan. Dame Michon avait été femme de confiance du comte Guy, et nul n'avait oublié de quel cœur elle servait les intérêts des tenanciers en détresse. C'était elle qui, ce fameux jour de la Saint-Jean, — *le dernier jour*, — avait obtenu de Rohan qu'il rendît à ses pauvres vassaux la moitié de leurs redevances. Toucher à dame Michon Guitan, c'était presque toucher à la mémoire vénérée de Rohan.

Yaumy entendait tout ce fracas de menaces et de clameurs. Il restait auprès de la pierre pour donner le temps aux fugitifs de gagner la chaussée du Muys. Le plus fort était fait. Yaumy n'avait pas peur. C'était dans ces bagarres qu'il avait conquis son autorité par son sang-froid et sa force supérieure. Il se croyait bien sûr de dominer ce tumulte.

Mais tout à coup un cri nouveau et plus nourri se fit jour. Yaumy entendit qu'on disait :

— Le voilà ! le voilà !

Il se retourna. Josselin Guitan était là qui embrassait sa mère.

XIII

LA LOUVE

Pour le coup, le joli sabotier pâlit.

— Salut, Josse, mon garçon! dit-il pourtant; tu pourrais rendre service à ta bonne femme de mère en lui conseillant de se mêler de ce qui la regarde. Je l'ai brusquée tout à l'heure en passant et j'en ai regret, parce qu'il faut toujours avoir égard aux anciens... Mais il ne faut pas non plus que les vieilles femmes empêchent la besogne des hommes de se faire.

Josselin Goitan quitta sa mère et vint se mettre en face de Yaumy.

— Quelle besogne fais-tu? demanda-t-il d'un ton froid et sévère.

— Quant à cela, répliqua le joli sabotier, nous n'avons pas à nous disputer, mon gars Josse ; je commande ici, pas vrai, je n'ai de conseil à demander à personne.

Il jeta un regard autour de lui pour chercher de l'approbation. Le noyau des coquins qui l'entouraient lui fit fête et quelques ivrognes se joignirent à eux, parce que Josselin ne buvait jamais.

Mais le gros des Loups restait déjà silencieux et attentif.

C'était un procès qui allait s'entamer. Yaumy vit cela et ne trembla point. En fait de plaidoiries il avait fait ses preuves. Les Loups s'étaient laissé prendre cent fois à sa sauvage éloquence.

— Tu commandes ici à la condition d'obéir, répondit Josselin Guitan, il y a quelqu'un au-dessus de toi. Tu as des avis à demander et des comptes à rendre. Regarde-moi bien Yaumy : Je ne te parle pas de ce que tu as fait à ma mère. Je te dis : Yaumy, tu es un traître, et je vais t'attendre à la chambre du conseil ! choisis tes juges.

Il tourna le dos, fendant la foule qui s'écartait avec respect.

Tout en se dirigeant vers l'autre bout de la galerie, il désignait à haute voix les juges qui, tout à l'heure, allaient décider entre lui et Yaumy. Chaque fois qu'il prononçait un nom, le Loup désigné se mettait à sa suite.

Il avait droit d'en prendre sept. Un droit pareil appartenait à l'accusé. C'était la loi des anciens Frères-Bretons qui l'avaient empruntée aux coutumes des Gaëls.

Yaumy hésita un instant. Au moment où Josselin tournait le dos, on vit le couteau du joli sabotier sortir à demi de sa gaîne. Mais l'aspect de la foule l'arrêta. La foule n'était pas avec lui en ce moment.

— Il faut que je les retourne! pensa-t-il; sans cela, je suis perdu!

Le temps passait, du reste, et gagner du temps, c'était tout, car Yaumy comptait sur le terrible coup de théâtre qu'il avait préparé en favorisant la fuite de l'intendant et du sénéchal. Il se mit donc en marche à son tour, appelant à droite et à gauche ceux qu'il instituait ses jurés.

Josselin était déjà dans la chambre du conseil. Ses sept arbitres s'asseyaient sur leurs billots, à droite de la draperie d'argent. Ceux de Yaumy prirent place à gauche. La niche voilée se trouvait ainsi au centre. C'était la coutume et c'était un symbole.

Le tribunal des quatorze était censé présidé par la Louve en personne, derrière la draperie, qui ne se levait jamais.

La foule pénétra dans la chambre du conseil, à la suite de Yaumy, et ceux qui ne purent entrer se massèrent dans la galerie. Josselin et Yaumy se placèrent debout en face l'un de l'autre comme deux lutteurs.

— De quoi m'accuses-tu, Josselin Guitan? demanda le chef des Loups.

— Je t'accuse, répondit Josselin, d'avoir trahi la Bretagne et tes frères.

Dans ces grottes tout à l'heure si bruyantes, vous eussiez entendu la souris courir. Yaumy haussa les épaules, comme s'il n'eût point daigné répondre à cette inculpation trop vague.

— Et que demandes-tu? interrogea-t-il d'un air provoquant.

— Ta mort! répliqua le fils de dame Guitan au milieu du plus profond silence.

— Tu te souviens que chez nous, dit le joli sabotier sans perdre son assurance, le faux accusateur paie pour l'accusé innocent?

— Je m'en souviens.

— La mort que tu me demandes pour moi, tu l'acceptes pour toi?

— Je l'accepte.

— Parle donc, mon gars Josselin : je ne suis pas si méchant que toi ; je te promets qu'on te fera grâce.

Il y eut un petit mouvement dans le cercle qui entourait le tribunal. Ce mouvement était en faveur de Yaumy.

— Tu as trahi, reprit cependant Josselin ; nous avions deux ôtages, tu les as mis en liberté.

— Nos vrais ôtages, répliqua Yaumy, c'étaient le comte de Toulouse, gouverneur de Bretagne, et la princesse sa femme... ce n'est pas moi qui les ai mis en liberté.

Un second murmure plus marqué prouva qu'il avait encore touché juste.

— Tu as trahi, poursuivit Josselin ; ces deux ôtages dont je te parle, Alain Polduc, sénéchal de Bretagne, et Feydeau, intendant pour le roi, avaient été confiés à ta garde par celle à qui nous obéissons tous. C'est moi qui t'avais transmis ses ordres.

D'un regard rapide, Yaumy fit le tour du cercle. Sans prononcer aucun nom, Josselin Guitan venait d'évoquer un invisible et suprême arbitre. Il avait fait allusion au chef mystérieux dont la pensée seule inspirait la vénération et l'effroi. C'était là, l'arche sainte qu'il n'était pas même permis d'effleurer.

Mais c'était aussi ou jamais le moment de porter le premier coup de marteau à l'idole. Le joli sabotier fit un pas vers l'intérieur de l'enceinte. Sa pose prit de l'ampleur, son accent de la solennité.

— Trêve de tromperies, Josselin Guitan ! s'écria-t-il, je t'aurais laissé en repos par respect pour nos défunts maîtres qui t'aimaient, par pitié pour les cheveux blancs de ta vieille mère. Mais tu as comblé la mesure, mon homme, et c'est moi, vous entendez, vous autres, c'est moi qui t'accuse maintenant devant tous, et qui te dis : Josselin Guitan, tu as trahi la Bretagne et tes frères !

— Silence ! silence ! fit-on de toutes parts.

Chaque poitrine retenait son souffle.

— Écoutez-moi bien, mes enfants et mes amis, poursuivit le joli sabotier qui était, quand il voulait, un terrible orateur ; en voici un qui nous fait agir depuis dix ans comme une troupe de marionnettes. Il s'est dit une fois : Ce sont des esprits simples et grossiers, de pauvres paysans : des moutons! je vais les tromper et me faire leur maître. J'aurai un rideau, et j'aurai derrière le rideau je ne sais quel fantôme dont je ferai pour eux un épouvantail... la Louve...

A ce nom, la foule frémit et Yaumy le sentit bien, mais il avait brûlé ses vaisseaux.

— La Louve ! répéta-t-il en élevant la voix : j'ai dit la Louve !

— Vas-tu insulter Rohan ? s'écria le vieux Jouachin, qui était parmi les juges.

— Laisssez dire ! ordonna Josselin.

Et la foule, déjà gagnée à demi peut-être, répéta :

— Laissez dire.

Elle avait peur, la foule, mais ces émotions lui sont chères. Elle attendait quelque grand événement. Son cœur sautait, son cœur qui battait dans mille poitrines. Nous disons vrai : la foule aime mieux encore frémir que boire et que danser.

— La Louve ! répéta pour la troisième fois le sahotier, enhardi par son succès, car en définitive ce nom redouté n'avait point fait crouler les voûtes de la caverne : La Louve n'est qu'un mot et ce mot est un mensonge. Voyons ! Je vous le demande : si la fille de Rohan existait, pensez-vous qu'elle eût protégé Toulouse qui a fait mourir son père en exil ?

— Non, non ! fit-on de toutes parts.

— Pensez-vous qu'elle eût laissé depuis dix ans Alain Polduc dans le manoir de ses aïeux ?

— Non ! non !

— Pensez-vous qu'elle eût passé dix années sans se montrer à ses vassaux et à ses serviteurs ?

— Non, non !

— Alors, n'avais-je pas raison de vous dire que c'était un épouvantail, un fantôme, derrière lequel celui-là (il montrait Josselin) se cachait pour nous subjuguer d'abord et puis pour nous vendre à la France... comme il nous aurait subjugués sans moi ! comme sans moi il nous aurait vendus !

— Réponds, Josselin Guitan ! s'écrièrent plusieurs voix.

Et comme Josselin gardait le silence, plusieurs juges dirent aussi :

— Réponds, Josselin, il est temps !

La cause du joli sabotier était autant dire gagnée. Cependant bien des regards se fixaient encore sur la draperie d'argent avec terreur.

Qu'y avait-il derrière ce voile qu'on ne pouvait toucher sous peine de la vie ? La pensée d'un miracle était dans tous les esprits. Et chacun, sans y croire tout à fait, se représentait la grande figure de la Louve derrière cette mystérieuse draperie.

Yaumy les connaissait. Il voulut frapper le coup suprême.

— Lui ! répondre ! s'écria-t-il, je l'en défie ! Dites-lui de vous montrer la Louve ! Le temps des mensonges est passé. J'ai mis mon talon sur son fantôme. Que reste-t-il ? Le voilà muet, lui le véritable traître. C'est moi, mes enfants, c'est moi, mes amis, qui vais répondre à sa place. C'est moi qui vais vous montrer ce que c'est que la Louve !...

— Misérable ! s'écria Josselin, qui le vit faire un pas vers la draperie.

Le sang s'arrêta dans toutes les veines. Les quatorze juges se levèrent du même mouvement involontaire.

— La Louve, reprenait le sabotier avec des éclats de voix insensés, car il s'était enivré de sa propre parole, et l'effort qu'il faisait pour vaincre sa terreur lui portait au cerveau, — la Louve ! ah ! ah ! vous allez voir ce que nous adorons depuis dix ans : un vieux fauteuil qui se moisit dans une niche vide ! Ouvrez vos yeux, regardez bien ! voilà que je touche le voile ! regardez si la mort me foudroie !

Son visage se marbrait de teintes rouges et livides. Il avait peur, mais il osait. Il osait, mais l'épouvante faisait claquer ses dents. D'un geste convulsif, il écarta violemment la draperie.

Toutes les épaules plièrent comme si la voûte eût menacé ruine, mais il n'y eut rien. Les Loups virent exactement ce que Yaumy leur avait annoncé : une niche vide avec un fauteuil vermoulu.

Mais ils ne le virent pas longtemps. Une explosion se fit, personne n'aurait su dire où. Tous ceux qui étaient dans la caverne tombèrent la face contre terre, et il y eut un silence mortel.

Quand ils se relevèrent à la voix de Josselin Guitan, la draperie d'argent était refermée. Yaumy seul ne se releva pas. La foudre l'avait frappé.

La stupeur profonde causée par cet événement régnait encore, lorsqu'une catastrophe nouvelle vint la secouer violemment. Un bruit sourd et de nature inexplicable se faisait depuis quelques instants vers l'entrée des grottes. Des éclaireurs ayant été dépêchés vers la herse, une décharge eut lieu du dehors.

Le son s'en prolongea largement sous les voûtes, comme un solennel signal de mort. Pour tous ceux qui étaient là, c'était la trompette du dernier jugement.

Le traître était puni, mais l'effet de la trahison vivait.

Deux des éclaireurs revinrent, et ils ne crièrent point aux armes. Les autres étaient restés morts derrière la herse.

— Laissons nos fusils et prenons nos rosaires, dirent les survivants; c'est l'heure de mourir : les soldats de Conti sont là qui bouchent avec des roches l'entrée de la Fosse-aux-Loups !. . . . . . .
. . . .

Pendant quelques minutes, ce fut un sombre silence, puis des cris de rage s'élevèrent. Un flot impétueux se précipita vers la herse. Il n'était plus temps. La dernière roche venait d'être posée, bouchant la dernière fissure.

Derrière ce mur infranchissable, on entendait les rires cruels des soldats de Conti qui répétaient, jouant sur le nom du lieu :

— Nous avons enterré les Loups dans leur fossé !

Vous eussiez dit alors un troupeau de bêtes fauves derrière les barreaux d'une énorme cage. Ils allaient tous et venaient sans savoir, éprouvant machinalement de la main les murs de leur prison, cherchant des issues nouvelles et revenant toujours au point de départ, découragés, désespérés, fous.

Quelques-uns, pris par le délire, recommençaient l'orgie. D'autres, accroupis en cercle, se disaient les uns aux autres, d'une voix lamentable, les horreurs de la mort qui allait venir : La mort par la faim dans ces ténèbres lourdes et impénétrables, car les lampes allaient bientôt s'éteindre comme les vivres bientôt s'user.

Les femmes pleuraient et se tordaient les mains ou poussaient d'extravagants éclats de rire. On entendait des chants joyeux parmi le concert des sanglots. La folie contagieuse montait à tous les cerveaux.

Quelques-uns et quelques-unes, bien peu, s'étaient réunis autour de dame Michon Guitan qui priait à haute voix.

Une heure se passa, un siècle d'une horrible longueur. Il y avait des cheveux noirs qui avaient blanchi durant cette heure. On voyait partout des yeux caves et des joues creuses. Les jeunes gens courbaient les épaules comme des vieillards. Je vous le dis : un siècle !

Quand dame Michon Guitan eut achevé de réciter son rosaire, elle se leva et vint dans la galerie.

— Dieu est bon, enfants, dit-elle, adressons-nous à Dieu d'abord.

Tous les genoux fléchirent. Après une courte prière, la vieille Michon dit encore :

— Suivez-moi !

Elle se rendit dans la chambre du conseil, où Josselin n'était plus. Yaumy, qu'on avait poussé dans un coin, donnait encore quelques signes de vie, mais personne ne le regardait seulement.

— Souvenez-vous, enfants, reprit dame Michon Guitan, autrefois, quand vous étiez dans la peine, à qui vous adressiez-vous après Dieu ?

— A Rohan, répondirent quelques voix.

— Mais, firent d'autres voix désolées, Rohan est mort, il ne peut plus nous entendre !

— Rohan ne meurt pas ! prononça gravement la vieille femme, qui semblait grandir au milieu de cette foule affaissée. Souvenez-vous encore. Quand Rohan était trop loin pour vous entendre, je venais à vous et je vous disais : — Enfants, appelons tous ensemble, et que toutes nos voix ne fassent qu'un seul cri !

— C'est vrai, cela ! murmuraient les pauvres malheureux, comme des enfants dont le sourire perce les larmes.

— Pourquoi ne ferions-nous pas comme autrefois ? poursuivit dame Michon Guitan ; nous avons prié Dieu, appelons nos maîtres !

Elle se plaça au centre du cercle, et d'une voix éclatante :

— Rohan ! fit-elle.

Un écho faible lui répondit dans la foule.

— Rohan ! répéta-t-elle.

Quelques voix appuyèrent. On avait éteint toutes les lampes, à l'exception d'une seule pour ménager d'autant la lumière, qui est nécessaire à la vie comme le pain. Une lueur sembla s'allumer derrière la draperie d'argent.

— Rohan ! appela dame Michon pour la troisième fois.

A ce coup, la foule toute entière se joignit à elle, car l'espoir rentrait dans les cœurs par cette voie du merveilleux, toujours ouverte dans les imaginations bretonnes. Le nom de Rohan répété en chœur fit trembler les voûtes.

Miracle ! la tapisserie s'ouvrit d'elle-même. Le traître Yaumy avait menti. La Louve existait, car on la vit.

On vit, dans la niche éclairée brillamment, assise sur le trône antique et la main droite appuyée sur la grande épée du duc Pierre de Bretagne, une femme belle comme les madones de nos églises, dont le front radieux se couronne d'étoiles. Elle avait sur ses épaules le long manteau d'hermine, le manteau ducal des aïeux de Rohan.

Les années remontaient-elles leur cours ? Chacun reconnut bien Valentine, belle et jeune comme au temps du bonheur... Il n'y eut pas un genou qui ne fléchît, pas un front qui ne se courbât jusqu'à terre devant la toute-puissance de la Louve.

La Louve étendit la main silencieusement vers une ouverture qui venait d'apparaître à gauche du trône.

Personne n'avait jamais vu cette issue qui était la vie pour tous ces condamnés.

Le secret des issues de la caverne appartenait à Rohan ! Et Rohan n'avait jamais manqué à l'appel de ses vassaux en détresse.

———

Une heure après, la Fosse-aux-Loups était une solitude. Il y régnait un silence profond, interrompu seulement par une plainte sourde et périodique. C'était le joli sabotier Yaumy, qui avait de la peine à rendre son dernier soupir.

Le sort a des railleries cruelles pour les ambitieux de toute taille. Cette issue tant cherchée et dont la connaissance devait lui donner le pouvoir suprême, il la découvrait enfin, mais c'était à l'heure de mourir.

Comme il sentait venir déjà les premiers spasmes de l'agonie, il entendit un bruit de pas dans la galerie déserte, et un homme qui portait une lanterne à la main sortit de l'ombre d'un pilier. Il semblait se guider avec peine dans les détours de la caverne.

— Vais-je mourir, se disait-il en tâchant d'éclairer les parois pour se reconnaître ; sans m'être vengé, sans avoir pardonné ?...

— Hé ! monsieur de Saint-Maugon ! appela Yaumy du mieux qu'il put.

Et il ajouta.

— Je me doutais bien que vous ne seriez pas le plus fort !

Martin Blas se retourna en s'entendant appeler de ce nom, et vint vers Yaumy qui faisait effort pour se mettre sur son séant.

— Vous êtes blessé ? dit-il, prêt à porter secours.

— Bien des remercîments, monsieur de Saint-Maugon, lui dit le joli sabotier ; vous valez mieux que votre conduite, et je vais vous rendre un service avant de sauter le pas... une bonne action, ça aide à mourir.

Sa respiration commençait à siffler dans sa gorge. Il reprit d'un air tout honteux :

Je me suis souvent moqué de ceux qui disaient des patenôtres... n'auriez-vous pas un bout de croix sur vous, par hasard ?

— Non, répondit Martin Blas.

Puis, par réflexion :

— J'ai un reliquaire, murmura-t-il.

— Prêtez-moi ça ! Ma défunte mère était une bonne chrétienne... Avec ses prières, vos reliques de saint et ma bonne action, j'irai peut-être en purgatoire.

Martin Blas lui tendit une boîte d'argent marquée d'une croix et fermée par un rond de cristal.

— Ah ! ah ! fit le joli sabotier, vous avez gardé ça depuis seize ans !... Je l'ai vu autrefois au cou de mademoiselle Valentine.

Et comme Martin Blas rougissait :

— Vous avez bien fait, reprit Yaumy en baisant le médaillon ; elle aussi est une sainte !

— Comment ! s'écria Martin Blas, c'est toi qui me dis cela !

— Il y a un coquin sans entrailles qui ne mérite point de pardon, répliqua Yaumy, dont la voix allait s'affaiblissant, c'est Alain Polduc. Alain Polduc m'avait donné de l'argent pour vous mentir. Valentine de Rohan était pure comme les anges de Dieu, et le jour où vous l'avez abandonnée...

Il s'arrêta. Le souffle lui manquait. Martin Blas se pencha sur lui.

— Eh bien ! fit-il.

— Eh bien ! acheva Yaumy dans un dernier effort, le comte de Toulouse lui avait proposé sa main... et votre femme avait montré le berceau de l'enfant en disant : Je suis mariée à l'homme que j'aime...

Sa tête retomba lourdement. Cependant il put dire encore :

— Voilà une vraie bonne action que j'ai faite ; avec ça et la miséricorde de Dieu, j'espère...

Il était mort. Morvan de Saint-Maugon resta auprès de lui, comme foudroyé.

TROISIÈME PARTIE.

ROHAN-ROHAN

I

LES SÉPULTURES

C'était par un de ces froids brouillards des matinées de mai qui font fleurir nos rustiques ajoncs de Bretagne. La brume ne s'élevait pas beaucoup au-dessus du sol. On voyait le ciel clair et le soleil se jouait dans les cimes balancées des arbres, où verdissaient tendrement les jeunes feuilles. Deux cavaliers suivaient au pas le sentier qui bordait la Vesvre en passant sous l'arcade du Pont-Joli.

L'un d'eux, qui était dans la force de l'âge, montait un bon cheval du Léon, robuste, sûr et trapu.

Vous l'eussiez reconnu aisément à son brillant uniforme : c'était le gai M. de Rieux, lieutenant-colonel du régiment de Conti. L'autre, beaucoup plus jeune, portait un riche costume de gentilhomme. Il était beau, fier, et semblait heureux de vivre. Sa monture était de prix. C'était notre ami Raoul, qui en avait vu de toutes les couleurs depuis la veille.

— Ah çà ! neveu, disait M. de Rieux, battons-nous la campagne? tu as refusé d'obéir aux ordres du major !

— Absolument, mon cher colonel. Le major m'ordonnait de murer l'entrée de la Fosse-aux-Loups, ici près...

— Hum, hum ! toussa M. de Rieux.

C'était peut-être l'effet du brouillard matinal.

— J'ai répondu au major, poursuivit Raoul, comme vous l'eussiez fait vous-même, j'en suis sûr, que j'étais un soldat et non point un maçon...

— Bon, cela, mon neveu !

— Que je voulais bien pénétrer de vive force, le pistolet au poing, dans le repaire des paysans révoltés et lui en rendre bon compte, mais qu'il me semblait indigne d'un soldat et d'un gentilhomme...

— Je connais la formule, interrompit de Rieux ; et le major a été mécontent tout de même ?

— Après que j'ai eu brisé mon épée sur mon genou...

— Je connais le geste, interrompit encore M. de Rieux ; il faut avoir des gants de daim pour faire cela, autrement on se coupe..., et, dis-moi, qui donc avait enseigné l'entrée de la Fosse-aux-Loups à mon honoré major?

— J'ai vu l'intendant Feydeau et M. de Polduc arriver à cheval...

— Sur des chevaux à eux?

— Non, des petits chevaux de charbonniers.

— Bien! bien! habitue-toi à ne pas mettre les points sur les i avec moi, ça va plus vite... après?

— Après, je suis revenu à Rennes.

— Et le gouverneur t'a fait appeler?

— A quatre heures du matin.

— Et puis?

— Et puis il m'a dit : Colonel...

— C'est donc bien vrai que tu es colonel?

Raoul eut un petit mouvement de fierté impatiente.

— Au fait, cher monsieur Raoul, se reprit aussitôt M. de Rieux, j'en use avec vous comme si vous étiez toujours mon petit cornette. Vous avez pris tous vos grades en vingt-quatre heures ; c'est vif ! pardonnez-moi, je ne le ferai plus.

— Colonel ! s'écria Raoul, vous êtes mon premier, mon plus cher protecteur ! si vous changez de ton avec moi, je ne vous revois de ma vie !

Rieux lui tendit la main et la secoua rudement.

— Bon petit cœur ! fit-il d'une voix attendrie.

Puis, réprimant ce mouvement :

— Donc, neveu, ajouta-t-il en riant, je te promets de me moquer de toi comme devant.

— A la bonne heure ! Où en étais-je ? Le gouverneur m'avait dit : « Colonel... » Moi, je l'interrompais déjà pour lui faire observer que je n'étais même plus capitaine... il m'a répondu : « Je sais, je sais, il y a la discipline, mais ces dames trouvent que vous avez agi en vrai chevalier, et madame la princesse a pensé que vous accepteriez de sa main la commission du régiment de Flandre, dont elle a traité pour vous... »

— Cette chère princesse ! fit de Rieux.

— Moi, reprit Raoul, j'ai objecté que je n'avais

pas un denier vaillant pour payer cette charge. Le gouverneur s'est pincé la lèvre et m'a répliqué avec hauteur : « Dans la maison d'où je sors, monsieur, et où madame de Toulouse est entrée, on a le droit de faire des cadeaux aux gentilshommes! » Je me suis incliné profondément, et l'instant d'après, madame de Toulouse, avec une grâce enchanteresse, me remettait mon brevet de colonel du régiment de Flandres.

Ils s'engageaient dans le chemin tournant et montueux qui passsait sous le Pont-Joli et côtoyait le tertre où Magloire avait eu une si belle peur. On voyait à la place où s'élevaient hier encore les ruines du moulin à vent des pierres noircies au milieu d'une large clairière où la cendre des broussailles incendiées faisait un sol grisâtre.

— Les échevins de Rennes, grommela M. de Rieux, paient une prime à ceux qui abattent les chiens enragés. Qui donc assommera une bonne fois ce lâche coquin de Polduc?

Un homme sortit des broussailles et traversa la route. En passant, il souleva son chapeau de paysan.

— Sera-ce toi, Josse, mon brave gars? demanda de Rieux.

— Je suis en route pour cela, notre monsieur, répondit Josselin Guitan.

— Mon neveu, reprit tout à coup de Rieux en s'arrêtant au beau milieu du chemin, nous allons voir aujourd'hui d'étranges choses. Je me suis cru longtemps un très-fin politique, je confesse cela naïvement. Maintenant... dame, maintenant, je suis persuadé que les très-fins politiques sont des ânes, et je renonce à faire partie de leur confrérie. Nous vivons dans un temps où tout arrive par ricochet. On part pour le levant, on atteint le ponant. Ainsi a fait notamment M. du Maine qui, parti pour le Louvre, va débarquer un de ces jours à Pignerol ou bien à la Bastille. La ligne droite est une invention des vieux mathématiciens, et le seul moyen de décemment se conduire est de mettre un bandeau sur ses yeux, comme au jeu de colin-maillard, quand on n'eut point la chance de naître aveugle. Comprends-tu ce que je te dis là, neveu?

— Pas beaucoup, colonel.

— Tant mieux ! Te voilà colonel à vingt ans pour avoir transgressé la loi militaire. Moi qui te parle, j'ai été douze ans lieutenant-colonel et je m'appelle Rieux.

— Le fait est... commença Raoul.

— Tais-toi, neveu, interrompit le vicomte, tu vas dire une sottise. J'ai trouvé ce matin à mon chevet ma commission de brigadier des armées du roi. Je pense que c'est pour avoir chargé un étourdi comme toi de la garde des portes Mordelaises et pour avoir laissé prendre la ville par un troupeau de coquins mal peignés, quand j'avais dix fois plus de bons garçons qu'il n'en fallait pour la défendre.

— C'est pour récompenser votre bravoure, votre loyauté si connue, dit Raoul, et permettez-moi, général, de vous féliciter...

— Bien! bien! voilà des mots... Avançons, neveu. Je suis trop vieux, tu es trop jeune : toute l'histoire est là!

Il piqua son cheval, qui prit un gros trot retentissant, et demanda, comme pour briser là l'entretien :

— Qui t'a donné rendez-vous au château de Rohan?

— Madame Isaure, répondit Raoul.

— Par lettre?

— Par exprès. Je savais d'avance que je devais vous rencontrer et me mettre à vos ordres.

— Et sais-tu aussi ce que nous allons faire au manoir de Rohan?

— Pas le moins du monde, et vous?

— Moi! répliqua M. de Rieux retrouvant sa gaîté un instant noyée dans les dissertations ci-dessus; je sais que nous allons rire, neveu, avançons!

Ils arrivaient au haut de la montée. Au premier coude du chemin, ils se trouvèrent en face de ce bizarre faisceau de poivrières qui, malgré les restaurations et les changements modernes, constituait toujours le vieux manoir de Rohan. La pelouse était devant eux. A leur droite s'étendait l'oseraie qui a joué un rôle au prologue de cette histoire. Au-dessus de l'oseraie, ils pouvaient apercevoir le profil du fameux balcon de granit.

Comme Raoul dirigeait la tête de son cheval vers la grille, M. de Rieux lui dit :

— Ce n'est pas par là que nous entrons.

Raoul ne se le fit pas dire deux fois; il connaissait mieux l'autre chemin. M. de Rieux et lui tournèrent l'oseraie et se trouvèrent bientôt sur cette pente, transformée maintenant en parterre, où maître Alain Polduc avait surpris autrefois Morvan de Saint-Maugon sortant de chez Valentine. Raoul arrêta son cheval devant le balcon. Son compagnon et lui mirent pied à terre, et les chevaux furent attachés dans l'oseraie.

Ils n'avaient encore aperçu âme qui vive. On eût dit que le manoir était abandonné. La croisée du boudoir des demoiselles Feydeau restait seule ouverte, comme on l'avait laissée la veille. Quand Raoul et M. de Rieux descendirent dans le fossé, les chiens de garde hurlèrent à l'intérieur des cours. Ce fut tout. Personne ne se montra.

On se souvient peut-être que la veille, au moment où elle était sur le balcon après le départ des demoiselles Feydeau, Céleste avait été effrayée par une vision. Elle avait cru voir deux formes sombres glisser sur le glacis et disparaître dans le fossé même, au pied des murailles : un homme de grande taille et une femme dont la tournure lui rappelait celle de la Meunière. Nos deux compagnons se dirigèrent précisément vers l'endroit où la vision de Céleste avait disparu.

Il y avait là une petite poterne au ras du sol. M. de Rieux introduisit une clé dans la serrure. La porte tourna sur ses gonds rouillés et laissa voir un escalier taillé dans la pierre.

— Entrez, mon neveu César, dit Rieux en se découvrant et d'une voix qui se faisait tout à coup triste et grave.

Raoul le regarda tout étonné.

— Entrez, vous dis-je, dans la maison de vos aïeux, répéta M. de Rieux, qui s'inclina ; entrez, César de Rohan !

Raoul eut un frémissement par tout le corps, mais il obéit. Rieux et lui descendirent l'escalier en silence. Au bout d'une vingtaine de marches, leur pied rencontra le sol.

Ils étaient dans une grande salle souterraine voûtée en arceaux et formée d'une nef centrale entre deux rangs de bas-côtés, comme une cathédrale.

La grandeur de ces Rohan était toute dans le passé. Ils avaient, comme disait Josselin Guitan, leur domaine sous terre. Le long des bas-côtés, deux longues lignes de tombeaux en granit noir de Pen-March se rangeaient, portant chacun une ou deux statues couchées, la tête sur un coussin de pierre, les pieds appuyés contre le lévrier symbolique.

A la voûte une lampe pendait par trois longues chaînes de fer.

M. de Rieux et Raoul, tout deux debout et découverts, restèrent un instant immobiles au milieu de la nef.

— Il paraît que nous sommes les premiers au rendez-vous, dit Rieux en regardant tout autour de lui.

Rien ne bougeait entre les deux perspectives de tombes alignées. Raoul lui avait pris la main.

— Vous venez de prononcer des paroles, balbutia-t-il, faisant de vains efforts pour réprimer son émotion, qui m'ont mis dans le cœur un grand deuil et un grand espoir. Au nom de Dieu! expliquez-vous!

— Il manque ici une tombe, répliqua Rieux d'une voix brève et saccadée, car l'émotion le gagnait aussi; neveu, c'est toi qui l'y mettras. Ton père dort loin d'ici, et il n'y a qu'une croix de bois sur sa sépulture.

— Mon père! répéta Raoul; dois-je croire?...

— C'était mon ami, neveu... mon ami et mon cousin deux fois par Rohan et par Combourg. La première fois que j'ai touché ta main, j'avais des larmes dans les yeux.

Raoul se jeta à son cou et M. de Rieux le serra

contre sa poitrine. Puis, se dégageant brusquement :

— Oh çà ! fit-il, en voilà assez ! Je crois que tu seras un vrai noble homme. Ce qui nous manque, à nous autres, tu l'as : tu sais souffrir.

Il l'attira vers le bas-côté qui régnait à droite de la porte.

— Regarde, reprit-il en montrant la première tombe, et réjouis-toi, si tu as de la gloriole. Voici la statue de saint Winoch, ton premier aïeul. La légende dit qu'il convertit le géant de Corseult, mon premier ancêtre. Il y a longtemps, tu vois, que Rieux et Rohan sont cousins, ce qui ne les a pas empêchés de se couper la gorge en toutes occasions.

C'est à peine si Raoul entendait, et certes, il ne comprenait point.

— Moi ! moi ! répétait-il sans savoir qu'il parlait, moi ! l'héritier de Rohan !

Et tout ce qui lui était arrivé depuis deux jours se peignait à son imagination avec une violence soudaine. Ce roman si court, avec ses péripéties redoublées lui apparaissait comme un rêve. Il y avait juste deux fois vingt-quatre heures qu'il était parti de Rennes, pauvre, obscur, sans nom, sans ressources. La veille, la comtesse Isaure lui avait dit en parlant d'une pauvre orpheline comme lui, humble comme lui, aussi pauvre que lui : « Cela te portera bonheur de l'aimer ! »

Et le bonheur était venu, tous les bonheurs à la fois, un déluge de bonheurs ! De l'or, des grades, un nom, tout ce qu'on désire quand on n'a que la cape et l'épée, qu'on est jeune et qu'on se noie dans les songes fous ! Et par-dessus ces félicités accumulées, la plus chère de toutes : la joie du cœur : Céleste allait être sa femme ! Si vous saviez comme ce bon petit Raoul avait grand-peur de s'éveiller !

Pendant qu'il se plongeait avec délices dans sa triomphante méditation, M. de Rieux le conduisait de tombe en tombe ; il lui disait les noms de toutes ces nobles dames et de tous ces preux chevaliers.

Ils étaient à peu près au centre du bas-côté, devant la tombe de ce Guiomar de Rohan qui porta au roi Louis XI le défi de François de Bretagne dans le monastère du mont Saint-Michel, lorsqu'ils prêtèrent tous les deux l'oreille à une voix véritablement sépulcrale, qui partait des sombres profondeurs de la colonnade, et qui disait :

— Venez-vous m'annoncer enfin que l'heure est sonnée?

Raoul ouvrait la bouche pour interroger.

— Silence! dit M. de Rieux, c'est le comte Guy que Dieu a frappé de folie : le père de ton père!

Raoul savait l'histoire de cette terrible nuit où César de Rohan périt, écrasé par la malédiction paternelle. Son sang se glaça dans ses veines.

— Va-t-il passer, reprit la voix, va-t-il passer aujourd'hui, l'ennemi des Bretons? va-t-il passer, Philippe d'Orléans, régent de France?

M. de Rieux et Raoul regardaient et ne voyaient rien. Ils avancèrent encore. Quand ils furent au bout de la colonnade, ils virent remuer faiblement la statue couchée sur la dernière tombe.

— Approchez, dit la voix, j'essaie la place où je serai demain.

Raoul et M. de Rieux reconnurent alors que la prétendue image couchée sur la pierre était un vieillard à barbe blanche dont la maigreur était effrayante à voir. De Rieux se souvint que longtemps avant les événements de notre récit, Rohan avait fait construire son mausolée, en tout semblable à celui de ses aïeux. L'écusson de *gueules à neuf macles accolées d'or* était en bosse dans le marbre du frontispice. Le coussin d'un côté, de l'autre le lévrier couché, attendaient la statue.

Le vieillard se souleva sur le coude et regarda les nouveaux arrivants. Ses yeux étaient ternes et fixes. Leurs orbites creuses et largement agrandies tenaient la moitié du visage.

— Tu es Rieux, toi, dit-il ; ton père était un Breton? L'autre... qui est l'autre?

Il se prit à trembler, et l'on entendit ses pauvres os dégarnis de chair sonner contre la pierre de la tombe.

— L'autre, balbutia-t-il ; oh! je le revois bien souvent! César... César!

Il se laissa retomber de son long, ses lèvres s'agitaient et murmuraient une prière en forme d'exorcisme. Puis, tout à coup, sa folie arrivant à la traverse :

— Lequel de vous vient de la part d'Orléans? fit-il avec un retour de vigueur ; a-t-il accepté mon cartel? Reste-t-il une goutte de sang chaud dans ses veines?

— Mon noble cousin, dit M. de Rieux, nous allons vous reporter sur votre lit, afin que vous preniez du repos. Vous avez besoin de toutes vos forces pour cette grande bataille...

Et se tournant vers Raoul, pétrifié par la stupeur, il ajouta :

— Dans une heure, cet homme sera mort.

II

L'AGONIE DE ROHAN

Raoul avait eu des joies au dessus même de ses désirs. Il apprenait maintenant à souffrir des angoisses inconnues. L'élément tragique entrait dans sa vie jusqu'alors si insoucieuse; il ressentait pour la première fois ces profondes tristesses qui semblent inséparables de toutes grandeurs. Cet homme avait tué son père et sa mère. Cet homme était son aïeul.

Cet homme, si violemment frappé par la main de Dieu, ne pouvait faire naître en lui qu'un sentiment de douloureuse pitié, mais la tranquille quiétude de l'adolescent isolé sur la terre n'était plus. Raoul naissait à ces fatalités de famille. Le funeste passé de Rohan tombait sur ses épaules comme un fardeau accablant.

M. de Rieux avait pris le bras du vieillard et cherchait son pouls entre les deux ossements qui formaient son poignet. Il songeait à Valentine, cette noble créature qui avait si vaillamment et si longtemps combattu, à Valentine, dont le suprême espoir allait être déçu au moment même de vaincre ! En effet, Valentine comptait sur ce mourant qui glissait déjà dans l'éternité.

La main du comte Guy, humide et glacée, retomba sur le marbre dès que M. de Rieux l'eût lâchée. Il rouvrit les yeux au choc et parut étonné de revoir quelqu'un auprès de lui.

— Ah ! ah ! fit-il, pourquoi m'éveiller de si grand matin ? Faites venir Remi, mon veneur... Mais n'est-il point défunt ? Faites venir son fils. Je veux qu'on quête aujourd'hui vers le fond de la Sangle. Et s'il me rabat un ragot comme hier au lieu du grand vieux sanglier de la Croix-Carrée, je le chasse !

Son œil rencontra le regard consterné de Raoul. Ses traits flétris essayèrent un sourire.

— Vous voilà, César, mon fils, murmura-t-il, comment avez-vous passé la nuit? Et notre cher trésor, Valentine? Donnez-moi votre main, César.

Raoul tendit sa main et il eut un froid par tout le corps, en touchant celle du vieillard. C'était le contact d'une pierre mouillée et glacée. Le vieillard l'attira contre lui et lui dit à l'oreille :

— J'ai rêvé que vous étiez mort, César, mon pauvre enfant! c'était moi qui vous avais tué... Et j'avais vieilli de vingt ans! Chose étrange que les rêves! j'ai vu cette nuit notre Valentine avec un petit enfant dans ses bras... En même temps, notre manoir s'écroulait, jetant de grands nuages de poudre au-dessus des décombres. Et la main d'un soudard de France broyait notre écu entre deux roches. Une voix cependant répétait parmi ces ruines : « Rohan ne meurt pas! Rohan ne meurt pas!... »

Ses yeux devinrent hagards, et il rejeta en arrière sa tête qui rebondit sur le coussin de marbre.

— Mais était-ce un rêve? reprit-il à voix basse; pourquoi sommes-nous parmi ces tombes? César, mon fils, je vois bien que tu as soulevé la pierre de ton sépulcre... Que me veux-tu?

Il ferma ses paupières bleuies. C'était pitié de voir ce visage hâve et sans chair, perdu dans les masses de cette grande chevelure blanche.

— Mon noble cousin, dit M. de Rieux, ce sont là de folles pensées... Je vous prie, ne voulez-vous point réciter avec nous le *Pater* et l'*Ave*?

La voix de l'agonisant était de plus en plus faible et indistincte.

On l'entendit pourtant encore qui disait au lieu de répondre :

— Votre tombe est loin d'ici. Pourquoi avez-vous fait tout ce chemin, César? Un mort peut-il aller si loin de son cercueil?...

Son souffle commença à s'embarrasser dans sa gorge.

— Qui donc a dit : « Rohan ne meurt pas ! » fit-il avec un sourire amer ; il n'y a sous ces voûtes que des Rohan et que des morts !

Il fit effort pour se mettre sur son séant, mais il ne put.

— Où êtes-vous? demanda-t-il.

On devinait encore sa pensée aux mouvements de ses lèvres, mais sa voix ne sortait plus. Pendant une ou deux minutes, on vit bien qu'il luttait contre l'étreinte de la mort. Rieux et Raoul se mirent tous deux à genoux.

Un grand soupir gonfla la poitrine du vieillard et une dernière fois sa voix s'éleva.

— S'il passe, prononça-t-il avec un suprême effort, s'il passe enfin aujourd'hui, cet homme... ce Français... le Régent... dites-lui que je l'ai attendu jusqu'à la fin. Etes-vous là? je ne vous vois plus.

— Nous sommes là, répondit de Rieux.

— Dites-lui que je vais l'attendre encore... au tribunal de Dieu!

Ses bras s'étendirent le long de son corps. Ses yeux aveuglés restèrent grand ouverts. Un silence régna sous les voûtes.

. . . .

Une heure s'était écoulée. Le soleil se levait au dehors et chassait la brume vaincue. Dans le caveau, les choses avaient changé d'aspect.

Le tombeau qui servait de couche mortuaire au dernier comte de Rohan était entouré de cierges allumés. Outre nos deux compagnons toujours agenouillés, il y avait une vieille femme et un prêtre qui récitait l'oraison funéraire. On avait jeté un lincœul sur le corps. La vieille femme était Michon Guitan. Le prêtre était le recteur de Noyal-sur-Vilaine. Ils avaient pu s'introduire sans obstacle, parce que le manoir avait été abandonné cette nuit-là même. Poiduc avait besoin, ailleurs, pour aujourd'hui, de tous ses serviteurs.

Le prêtre disait les versets; Rieux, Raoul et Michon entonnaient dévotement les répons. Il y avait longtemps que Rohan proscrit n'avait eu tant de pompes autour de lui.

Tout à coup, au milieu de la monotone mélopée des psaumes latins, un cri se fit entendre et une femme échevelée se précipita dans le caveau. Derrière elle, Josselin Guitan soutenait les pas chancelants d'une jeune fille.

Valentine de Rohan, c'était elle, traversa le caveau d'un pas rapide et vint se mettre au-devant du lit de mort de son père. Elle posa sa main sur le cœur du vieillard.

— Vous avez trop tardé, madame, dit M. de Rieux à voix basse.

Le prêtre leva la main et voulut continuer sa prière, mais Valentine lui imposa silence d'un geste impérieux. Elle approcha son visage tout contre celui du cadavre et l'appela par son nom à haute voix.

— Faites préparer des chevaux, mon cousin, dit-elle à M. de Rieux; il faut que mon père soit à Rennes dans une heure!

Les assistants se regardèrent. La force d'âme a ses limites. Valentine avait-elle perdu la raison?

Comme elle vit que M. de Rieux restait là, bouche béante et la stupéfaction dans les yeux, elle répéta froidement :

— Faites!

Rieux se leva.

— Il faudrait un miracle... prononça tout bas le prêtre.

Valentine répliqua d'un ton assuré :

— Dieu nous le fera!

Puis, parlant à Rieux :

— Nous avons remué les cendres du moulin, dit-elle, nous avons fouillé chaque pouce du sol. Les papiers ont été brûlés. Rohan seul peut faire foi par sa parole. Il le faut! Je le veux!

Puis, appelant comme avait fait Josselin à la Fosse-aux-Loups, elle cria par trois fois :

— Rohan! Rohan! Rohan!

Chacun vit le cadavre tressaillir.

— Rohan ne meurt pas! murmura Michon Guitan.

Valentine fit un signe à M. de Rieux qui sortit.

Quand il revint, le vieux comte était sur son séant. Valentine l'entourait de ses bras. Il frissonnait horriblement et ses yeux blancs n'avaient plus de prunelle, mais il vivait. Et il souffrait, car cette âme revenue, qu'on avait été chercher jusque dans la mort, rentrait de force dans le cadavre. La lutte était poignante. De tous les fronts inclinés, l'épouvante tirait la sueur froide.

— Mon père, disait Valentine en le réchauffant de sa chaleur, en le ressuscitant de sa vie, mon père, vous n'avez pas le droit de mourir!

Le vieillard s'agitait sous son linceul. Ses genoux se choquaient l'un contre l'autre et ses dents produisaient un grincement lugubre. Le mot de sacrilége était sur les lèvres du prêtre.

— Vivez mon père, répétait Valentine acharnée à son œuvre, vous le devez! je le veux!

Pendant une minute qui sembla longue comme un siècle, le comte Guy resta en équilibre entre la vie et la mort. Puis la vie prit le dessus. Ses lèvres se desserrèrent : il respira. Ses yeux reprirent un vague rayon.

— Je vois, dit-il.

Il ajouta presque aussitôt, car il avait la conscience de ce qui s'était passé :

— Me faudra-t-il mourir deux fois?

Il avait sa raison. Dans cette trêve courte ou longue que lui laissait la mort, il se retrouvait lui-même et aucun nuage ne couvrait plus sa pensée.

— Mon bien-aimé père, dit Valentine, regardez ces deux enfants qui sont là près de vous.

Elle avait pris Raoul et Céleste par la main. Ils étaient écrasés sous l'émotion de cette heure terrible.

— Je les reconnais, murmura le comte Guy. Voici mon fils... mais avais-je deux filles?

Le revers de sa main glissa sur son front lentement, et l'on entendit qu'il disait :

— Du repos! par pitié, donnez-moi du repos!

— Ton flacon, Josselin! commanda Valentine.

Josselin Guitan avait sa gourde d'eau-de-vie. Valentine la prit et l'approcha des lèvres du vieillard, qui la repoussait de la main.

Rieux détourna la vue.

— Ayez compassion de lui, madame, s'écria Raoul.

— Ma mère, pitié! pitié! murmura Céleste, que l'horreur faisait frissonner de la tête aux pieds.

Le prêtre se signa. Josselin restait immobile et muet. La vieille Michon interrompit son rosaire pour s'écrier :

— Vous agissez bien, Demoiselle! tout ce qui a porté le nom de Rohan est là qui vous écoute et qui vous regarde. Sauvez le nom de Rohan!

Valentine se mit à genoux auprès du tombeau.

— Mon père, dit-elle... Celui-là n'est point votre fils César, car la terre ne rend pas sa proie après quinze années... Celle-là n'est pas Valentine, et Dieu veuille que son pauvre cœur ne soit jamais torturé comme le mien l'est en cet instant! Celui-là est le fils de César; celle-là est la fille de Valentine. Ils n'ont pas de nom, le parlement est assemblé, qui attend votre témoignage, mon père... Vous seul pouvez leur rendre ce qu'ils ont perdu par vous...

— Que sont les choses de ce monde!... murmura le vieillard.

— Vous seul, mon père, pouvez rendre aux derniers de votre race ce qu'ils ont perdu par vous : vous seul pouvez ressusciter Rohan !

— Il n'y a plus de Bretagne, il ne faut plus de Rohan !

— Mon père ! oh ! mon père ! je suis à vos pieds... j'implore...

— Laisse-moi respirer !... dit le comte Guy dont les yeux agrandis suppliaient.

Un murmure s'échappa de toutes les poitrines. Valentine se retourna impérieuse, inflexible.

— Éloignez-vous ! ordonna-t-elle ; je veux être seule avec mon père !

Michon Guitan saisit le prêtre, qui allait répliquer, et l'entraîna en disant :

— Celle-là est la Rohan de Bretagne !

Valentine était seule auprès du vieillard.

— Regarde-moi, Rohan, dit-elle, moi que tu as chassée et maudite, moi qui étais innocente comme ton fils César que tu as tué ! Regarde-moi, Rohan, j'ai sur le corps ces vêtements de paysanne que je porte pour veiller sur toi depuis quinze ans et pour te protéger. Regarde-moi, Rohan, et réveille-toi ! tu as immolé ta propre race ! Hier, le fils de ton fils n'avait pas d'asile ; hier, la fille de ta fille était servante de l'usurpateur. Tout cela pour toi! et par toi! Rohan, Rohan! tu dors : Réveille-toi!

— Grâce! balbutia le vieillard.

— Grâce! répéta Valentine, qui le couvait de son regard brûlant; ils disaient cela autour de toi, tes vassaux agenouillés, tes serviteurs en larmes, le jour où tu condamnas ta fille!

Le comte Guy se couvrit la face de ses mains. Valentine se pencha sur lui.

— Pas de grâce, Rohan, comte de Rohan, mon père, toi qui descends des rois! reprit-elle : ce mot n'a pu t'échapper qu'en rêve, Rohan, mon seigneur! Tu es terrassé, redresse-toi! Dieu donne à tous l'heure de l'expiation : la voici venue pour toi, Dieu te la donne. Debout, Rohan, et profite de l'heure de Dieu!

Elle était tout contre le vieillard; son haleine le brûlait. Quelque chose d'ardent jaillissait de ses yeux.

— J'irai... fit le comte Guy, mais donne-moi le temps... demain...

— C'est aujourd'hui!

— Ce soir...

— C'est à l'heure même'

— Que dirai-je?

— La vérité.

— Ils ne me croiront pas, ma fille.

— Rohan n'a jamais menti, mon père. Quel parchemin vaut la parole de Rohan?

Le vieillard essaya un mouvement.

— Je ne puis, murmura-t-il accablé et paralysé; sur l'honneur de mon nom, je ne puis.

Valentine se tordit les mains.

— Nous sommes perdus! fit-elle.

La vieille Michon vit cela de loin; les autres aussi. Les autres eurent un poids de moins sur le cœur; la terrible bataille leur sembla finie.

Mais Michon se mit à genoux et baisa la terre.

— Dieu! s'écria-t-elle, dans l'élan passionné de son dévoûment, je te promets un cierge plus gros dix fois avec le cierge pascal, dût mon gars Josselin mendier par les routes! Bonne Vierge, Vierge Marie! je ferai le pèlerinage de sainte Anne d'Auray, et sainte Anne fut votre mère, à pied, pieds nus, sans manger ni boire autre chose que le pain de l'aumône et l'eau des ornières le long du chemin! Seigneur Dieu! prenez mon sang, prenez ma vie et que le fils de Rohan garde la maison de ses pères!

Le vieillard tourna la tête pour voir qui avait parlé. Valentine couvrit ses mains de baisers, car l'espoir renaissait en elle.

— Vous ne savez pas, mon bien-aimé père, reprit-elle doucement, j'avais les preuves, c'est par vous, c'est à cause de vous que je les ai perdues. Elles étaient dans les ruines du moulin, et lorsqu'on y a mis le feu hier, par ordre de ce misérable à qui vous aviez donné autrefois toute votre confiance, Alain Polhuc, rien ne m'était plus aisé que d'aller quérir le coffre où je les avais enfermées. Mais il eût fallu vous abandonner un instant, mon père, tout seul, au milieu des flammes...

— Aide-moi, dit le comte Guy, je vais essayer.

Valentine le prit à bras le corps en remerciant Dieu dans son âme.

— Ah!... fit-il en un gémissement, je ne puis... je me meurs!

— Non, mon père! s'écria Valentine en le serrant contre sa poitrine, ma vigueur entre en vous. J'en suis sûre, je la sens qui passe de moi dans vos veines... Rohan ne saurait mourir avant d'avoir fait son devoir!

Les pieds du comte Guy touchaient le sol.

— Tu as raison, dit-il : tant qu'il lui reste une tâche à remplir, Rohan ne meurt pas. Qu'on selle mon cheval !

Il repoussa Valentine et passa sans chanceler au milieu des assistants stupéfaits. Il gagna ainsi les douves, où Josselin Guitan lui présenta l'étrier.

Il se mit en selle droit et raide. Tout le long du chemin, depuis le manoir jusqu'à Rennes, il tint la tête de la cavalcade.

III

ROHAN NE MEURT PAS

Aussitôt que le comte de Toulouse connut les mesures extrêmes prises contre les paysans révoltés de la Fosse-aux-Loups, il fit partir un détachement de ses gardes, escorté par les sapeurs de la ville, avec ordre de déblayer l'entrée des grottes. Il fit cela par humanité d'abord, car c'était un noble cœur ; il fit cela ensuite par politique. Son opinion était qu'on ne pouvait point abattre la résistance bretonne par la terreur. Un semblable massacre avec ses hideuses conséquences devait soulever la province tout entière.

Yves Quimper de Lanascol, écuyer de la comtesse

de Toulouse, fut chargé de conduire les travailleurs libérateurs. L'harmonie toute celtique de ce vaillant nom de Basse-Bretagne indique elle-même la pensée du prince. Il voulait s'entourer et entourer sa femme de Bretons.

Lanascol, âgé de vingt ans, avait, à quelques semaines de là, quitté pour la première fois le manoir paternel. En partant, il avait essuyé les larmes de sa bonne mère à force de baisers et promis qu'il gagnerait de l'honneur. Et tout le long de la route qu'il faisait à cheval, depuis les Montagnes Noires jusqu'à ce bassin plat et brumeux où la ville de Rennes est assise, Yves songea à sa mère bien-aimée.

Voilà qu'une bonne occasion lui venait de gagner de l'honneur! Yves de Lanascol, reconnaissant jusqu'à l'enthousiasme, baisa la main du prince et sauta en selle.

— Ma mère sera contente, se disait-il.

Sa mère porta le deuil. On raconte encore la mort du pauvre écuyer Yves Quimper de Lanascol, aux veillées du Finistère. La légende dit qu'il était beau, ce qu'il fit prouve qu'il était brave.

Il était nuit encore quand il arriva avec sa troupe

sous l'étang du Muys. On se mit tout de suite à l'ouvrage et, dès qu'il y eut un passage ouvert, Lanascol entra le premier en criant :

— Pardon pour tous !

Il se heurta contre les corps morts de ceux qui s'étaient fait tuer derrière la grille. On alluma des torches. Les grottes étaient désertes. Lanascol traversa la grande galerie toute jonchée des débris de l'orgie. Il parvint à la chambre du conseil, où était le cadavre de Yaumy, le joli sabotier.

La draperie d'argent relevée laissait voir la niche, et dans la niche l'ouverture par où les Loups avaient opéré leur retraite. Cette ouverture rendait des bruits confus et profonds.

— Ils sont là ! se dirent les soldats et les pionniers.

Lanascol, malgré les prières des siens, montra sa poitrine découverte à l'ouverture et cria de nouveau que Son Altesse le gouverneur de Bretagne donnait quartier à tous les paysans révoltés. On ne lui répondit point. Il dit : — Avançons !

Chacun savait bien que ces grottes étaient pleines de précipices. La troupe hésitait. Lanascol saisit une torche la brandit au-dessus de sa tête et s'élança

dans l'ouverture. On entendit ce cri : — Ma mère !..
Lanascol et sa torche avaient disparu dans l'abîme
qui s'ouvrait à dix pas de l'entrée.

Telle fut la nouvelle que les gardes de Toulouse
rapportèrent en la ville de Rennes. Cela se répandit
avec la rapidité de la foudre dans les hôtels nobles
comme dans les loges du petit peuple. Les Loups
avaient dû mourir tous jusqu'au dernier dans ce
précipice sans fond. Il n'y avait plus de Loups !

Comme on le pense bien, ni M. l'intendant de
l'impôt, ni M. le sénéchal, ne s'étaient couchés cette
nuit-là. Ils furent des premiers à savoir la nouvelle.
Au petit jour, Alain Polduc était dans le cabinet de
son beau-père.

— Vainqueurs sur toute la ligne ! s'écria-t-il ;
tout a disparu, tout !... mon excellent ami, hier au
soir j'ai bien cru que nous étions noyés sans ressource !

— Et moi donc ! répartit Feydeau.

— Ah ! beau-père, beau-père ! reprit Polduc avec
effusion, quand j'ai vu M. de Rieux donner du pommeau de son épée au visage de ce lâche coquin de
Yaumy ; quand j'ai vu madame Isaure tenir tête à
tout le monde, et le seigneur Martin Blas prisonnier

au milieu d'un cercle de patauds inconnus, j'ai eu bien envie de monter à cheval et de m'en aller tout d'un trait à Saint-Malo louer une barque pour passer en Angleterre.

— Comment! fit Achille Musée avec un mouvement d'épouvante rétroactive, ça a été jusque-là?

— Mon beau-père, répondit Polduc, entre l'abîme et nous, il y avait juste l'épaisseur d'un cheveu!

— Mais maintenant mon gendre?

— Maintenant, j'ignore comment la chose s'est faite, mais il est certain que tous ceux que nous avons laissés dans les grottes sont morts à l'heure qu'il est. Or, comptez sur vos dix doigts : Yaumy, qui en savait trop long et qui nous gênait; Martin Blas, qui nous faisait peur; Valentine, notre tête de Méduse, et très-probablement son vieux père, s'il n'était pas déjà défunt, et très-certainement, Céleste, sa fille. Je ne parle même pas de Josselin Guitan et de sa mère qui a si bien failli nous garder dans le pétrin...

— Alors, mon gendre, s'écria Achille-Musée, enchanté, nous n'avons plus qu'à fêter notre victoire?

— Erreur, mon beau-père! Ce petit Raoul qui a

sauvé hier la comtesse de Toulouse nous reste sur les bras. L'hydre a encore une tête. Ce matin, s'il vous plaît, nous allons nous mettre en quatre et dépenser un million, pour que ce soir nous soyons les maîtres définitivement!

———

Il était onze heure du matin. Le *gros*, comme on appelle encore la maîtresse cloche de l'Hôtel-de-Ville, sonnait de minute en minute ce coup unique et prolongé qui annonçait les délibérations solennelles du parlement breton.

Or, la délibération d'aujourd'hui était solennelle entre toutes. Les États de Bretagne, rassemblés en séance extraordinaire, sur l'ordre du prince gouverneur lui-même, avaient convoqué les quatre chambres du parlement.

Cela ne s'était vu qu'une fois, lors du vote de résistance contre les subsides demandés par M. de Mercœur dans la guerre contre le Béarnais.

Il s'agissait de juger le grand procès de Rohan.

A Dieu ne plaise que nous prétendions rien dire

contre les magistrats du parlement rennais, encore moins contre messieurs des États! Il est certain, cependant, qu'Alain Polduc et le million de son beau-père avaient trouvé à qui parler depuis ce matin. Dans l'opinion de tous, le procès était jugé d'avance. Il y avait quinze ans et plus que le litige était pendant; Alain Polduc avait droit : on ne pouvait plus longtemps lui refuser justice.

Aussi, quand mesdemoiselles Feydeau sortirent de l'hôtel dans le carrosse de leur père, toute une populace, qui avait eu sa petite part du million, se mit-elle à suivre en criant : — Dieu garde Rohan et les belles demoiselles !

La ville était encore fortement émue des événements de la nuit précédente. Les maisons restaient désertes. Rennes tout entier était descendu dans les rues qui avoisinaient le palais des États. La place du palais elle-même semblait une mer agitée, tant la foule l'emplissait exactement.

La maison des États, qui est maintenant le palais de Justice, à Rennes, est un quadrilatère dont la face méridionale (la façade) est occupée par la salle des Pas-Perdus. Les trois autres côtés sont tenus par des salles d'audience qui donnent sur trois gale ries intérieures. La grand'chambre actuelle, où se tenaient les séances des États, prend la face orientale du monument. La décoration en est magnifique. Le plafond est de Coypel, les peintures murales appartiennent à Jean Jouvenet. Les tentures en point de Flandre avaient coûté quinze cent mille livres à Honoré d'Albert, duc de Chaulnes, avant-dernier gouverneur de Bretagne.

Cette salle, d'aspect monumental, était digne en tout de sa haute destination et de la fière province dont elle abritait les représentants.

Mais ce jour-là elle était de beaucoup trop petite, et les portes élargies des deux salles voisines établissaient une communication rendue nécessaire par la présence du parlement et de tous les corps d'État. Un double trône, placé au centre de l'enceinte, était réservé à Leurs Altesses. Le président des États s'asseyait immédiatement au-dessous. A droite, trois siéges attendaient Rohan et ses filles adoptives. Rohan, bien entendu, c'était Alain Polduc.

La séance ouvrit à onze heures. Le président de Montméril fit le rapport. A onze heures et demie Leurs Altesses entrèrent par la porte du greffe, et l'intendant Feydeau fit aussitôt porter un dais aux armes de Bourbon et de Noailles au-dessus de leurs trônes.

On trouva froid et trop bref le sourire de remerciment que le prince gouverneur lui adressa. Leurs Altesses envoyèrent, au contraire, un salut gracieux et tout bienveillant à M. de Rieux, qui entrait en même temps qu'elles, portant son nouveau costume de brigadier des armées du roi, et qui venait prendre son poste à la grande porte.

Achille-Musée, qui jusqu'alors avait été radieux, eut un méchant pressentiment et se tourna vers son gendre. Celui-ci attendait non loin de M. de Rieux, avec les demoiselles Feydeau. Il fit signe à son beau-père. Puis, voyant que celui-ci s'agitait sur son siège comme si le coussin en eût été rembourré d'épingles, il traça quelques mots sur ses tablettes, et lui envoya un pli fermé par un huissier.

Le billet trouvé sur Feydeau après la séance contenait ces mots : « Nous sommes sauvegardés de toutes parts. Il y a deux mille hommes à nous au dedans et au dehors du palais. »

Par le fait, Alain Polduc avait acheté ce matin toute une armée. Mais de tous les traficants, les plus effrontés voleurs sont ceux qui font marchandise d'eux-mêmes.

Nous avons besoin de dire, avant de raconter la scène étrange qui se passa ce matin au palais des États de Bretagne, comment était constituée la foule compacte, massée à l'intérieur de l'édifice, dans les vestibules, sur les perrons et sur la grande place. La foule, en effet, joua son rôle important dans ce dernier acte de notre drame.

Au dehors, sur la place du palais, il s'était fait une sorte de travail d'épuration parmi la cohue. Tout le long de la petite rue Saint-Benoît, située sous les fenêtres de la grand'chambre, le long du couvent des capucins et aux alentours de la place, c'étaient des paysans du domaine de Rohan-Polduc et des tenanciers de Feydeau. Ils avaient systématiquement repoussé les femmes et aussi le peuple des basses rues de Rennes. Évidemment, on les avait apostés là à dessein.

Au centre de la place et sur les degrés, c'étaient aussi des paysans, mais des paysans de la forêt, à l'air farouche, à la tenue sauvage. Leurs figures basanées se cachaient sous de grands chapeaux de paille ou de feutre, d'où s'échappaient leurs chevelures ébouriffées. Ils étaient là en troupe serrée. Leurs mouvements se faisaient tout d'une pièce. Ils avaient refoulé les tenanciers de Polduc, sans mot dire et par le seul poids de leur masse.

On en voyait jusque sur le perron, côtoyant les derniers rangs des gentilshommes. Les gentilshommes encombraient les vestibules, escaliers et galeries jusqu'à l'entrée même de la salle des États.

Comme midi sonnait à l'horloge de l'Hôtel-de-Ville, on vit arriver par la rue Saint-Georges un singulier cortége qui avait grand'peine à obtenir passage. C'était une paysanne dont les traits disparaissaient presque complétement sous son capuchon de bure amplement rabattu ; elle tenait une jeune fille par la main. C'était ensuite un vieillard enveloppé dans un grand manteau, qui était soutenu par un gars de la forêt d'un côté, par un gentilhomme tout jeune et brillamment costumé de l'autre. C'était enfin une femme d'âge, pipe en bouche et rosaire à la main.

— Holà ! nos bonnes gens, dirent les premiers paysans qui les virent à l'embouchure de la rue Saint-Georges, vous ne passerez point, quand vous seriez la reine et le roi !

— Place! fit le jeune gentilhomme.

Le vieillard n'ouvrit point la bouche. La paysanne saisit le bras de celui qui avait parlé.

— As-tu vu l'incendie du moulin de la Fosse-aux-Loups, François Lequien? murmura-t-elle; j'ai passé au travers de ces flammes... gare à ceux qui me feront obstacle aujourd'hui. Dis-leur que je suis la Meunière!

François Lequien arracha son bras comme s'il eût été dans le feu. Il se pencha vers ses voisins. Ce mot courut de bouche en bouche :

— La Meunière!

Et dans cette masse où vous n'auriez pu glisser votre bras, une large trouée se fit comme par enchantement.

A ce moment, dans la grand'chambre, le premier président prenait la parole pour résumer les prétentions de Poldvc et les instances des demoiselles Feydeau.

La paysanne, le vieillard, le jeune gentilhomme, le gars et la bonne femme, s'engagèrent dans la voie qui leur était ouverte. Chacun se reculait d'eux avec terreur. On se signait à la vue du vieillard, ce mort qui marchait! — Quelle diablerie allait faire la Meunière ?

Quand les rangs des vassaux de Polduc et de Feydeau furent percés, le cortége vint se heurter contre un nouveau mur humain : ces hommes à feutres rabattus et à grandes chevelures : sabotiers, charbonniers et bûcherons.

— Place! dit encore le jeune gentilhomme.

Les hommes de la forêt le mesurèrent d'un œil insolent et se mirent à rire. Aucun d'eux ne bougea.

— Julot! dit la paysanne à demi-voix.

Tous ceux qui l'entendirent dressèrent l'oreille.

— Josille! continua la paysanne, Francin! Benoît!

Quatre bons gars s'avancèrent tête nue.

— Prenez-moi ce vieil homme sur vos épaules, ordonna la paysanne, et allez en avant jusqu'à ce que je vous dise : C'est ici :

Un nom, cependant, avait encore couru de bouche en bouche : ce n'était plus celui de la Meunière.

Les Loups disaient : — La Louve!

Car tous ceux qui étaient là, c'étaient les Loups de la forêt de Rennes, sauvés cette nuit par Valentine de Rohan. Un pont de planche jeté sur ce précipice où le pauvre Lanascol avait trouvé la mort, leur avait livré passage. Le dernier fugitif avait, d'un coup de pied, poussé le pont au fond de l'abîme.

Le nom de la LOUVE fit osciller toutes ces sombres têtes d'un bout à l'autre de la place.

On vit bientôt s'élever au-dessus du niveau la pâle figure du vieillard ; porté à bras, et dont les cheveux blancs flottèrent au vent. Les quatre porteurs trouvèrent partout la route ouverte au-devant d'eux, jusqu'au perron.

Mais en arrivant au pied du perron, il fallut lutter encore. C'étaient maintenant les gentilshommes qui barraient la route. La paysanne dégrafa son mantelet à capuce, qui découvrit un noble et beau visage.

— Messieurs, dit-elle en rejetant en arrière les riches boucles de ses cheveux, tandis que son humble déguisement tombait à ses pieds, ne voulez-vous point livrer passage à la comtesse Isaure ?

— Vive Dieu ! répondit le cadet de Laval, s'ils ne le voulaient pas, belle dame, il faudrait donc jouer de l'épée, car moi je le veux !

Mais tous le voulaient. Qui donc, parmi la jeune noblesse de Rennes, eût fait mine de résister à la belle des belles? Les quatre Loups qui portaient le vieillard passèrent. On ne faisait nulle question, quoique chacun pût bien deviner qu'un événement étrange allait avoir lieu.

Après le vieillard, madame Isaure venait, tenant toujours par la main cette charmante jeune fille que messieurs de la noblesse reconnaissaient pour l'élue de cette nuit. Tous ils l'avaient vue apporter les clés de la ville sur un plat d'or.

Derrière Isaure et sa compagne, arrivaient Josselin et dame Guitan. Ces deux derniers, après qu'on eut traversé le vestibule, monté les escaliers et franchi les galeries, s'arrêtèrent au seuil de la grand'-chambre, en dehors.

Le vieillard, les deux femmes et le jeune gentilhomme entrèrent sous la carrée en tapisserie flamande qui décorait la porte principale. M. de Rieux, qui était là, dit tout bas à madame Isaure :

— Pas encore.

En même temps il détacha l'embrasse qui relevait le lourd rideau. La draperie tomba. Notre cortége devint subitement invisible pour les gens qui étaient dans la salle. Le premier président achevait à cet instant son résumé qui penchait manifestement en faveur de M. le sénéchal et de ses filles d'adoption. De nombreuses marques de contentement accueillirent sa péroraison : il y eut là pour cinq ou six cent mille livres tournois d'enthousiasme, au plus juste prix.

Mais au moment où M. le sénéchal et ses deux filles s'ébranlaient sur un signe du maître des cérémonies, l'intendant Feydeau arrêta son gendre. Il venait de recevoir un billet passé de main en main, et de larges gouttes de sueur rayaient son fard.

— Nous sommes perdus! balbutia-t-il.

Polduc haussa les épaules et passa outre. Alors, sous la carrée qui fermait la porte principale, M. de Rieux dit

— Il est temps !

Et il se mit en marche, précédant lui-même le cortége mystérieux.

Quand la tête morne et toujours belle du vieux comte Guy parut au-dessus des autres têtes, une longue rumeur se fit dans la salle des États. M. de Toulouse se leva de son trône, et tout le monde dit : — c'est pour saluer Rohan !

La perruque du pauvre intendant s'affaissa. On ne le vit plus. Il s'était évanoui comme une vieille femme qu'il était.

Polduc, au contraire, fendait la foule d'un air content et fier. Ces rumeurs, il les prenait pour lui. Ce nom de Rohan, il se l'appliquait tout naturellement et rendait grâces, à part lui, au coffre-fort de son beau-père qui lui faisait une si belle fête. Il ne s'aperçut de ce qui se passait derrière lui qu'en arrivant aux degrés de l'estrade. Mademoiselle Olympe et mademoiselle Agnès avaient déjà monté les marches.

Polduc se retourna parce que M. de Rieux lui toucha l'épaule. A la vue de Rohan porté ainsi comme en triomphe, les yeux du sénéchal s'injectèrent et sa face livide se décomposa. C'était un homme foudroyé sur place.

Madame Isaure, passant devant lui, écarta de la main les deux demoiselles Feydeau, qui choisissaient leurs siéges et comme celles-ci lui demandaient fièrement de quel droit, elle répondit :

— Ces siéges sont à Rohan ; ce n'est point ici votre place, mes belles !

Puis elle ajouta en s'asseyant après sa fille :

— Nous sommes les Rohan!

Raoul était debout derrière son siége. Les quatre porteurs avaient déposé le vieillard sur le fauteuil du milieu, plus élevé que les autres.

La rumeur avait cessé. L'émotion de tous se traduisait en un profond silence.

On vit alors quelque chose d'inouï dans les fastes parlementaires. Leurs Altesses, le prince gouverneur et sa femme traversèrent l'estrade dans toute sa largeur et vinrent au-devant de celle que madame de Toulouse avait insultée la veille, en plein bal, sous le nom de la comtesse Isaure. Madame de Toulouse lui présenta la main et la baisa au front.

— Monseigneur, dit Valentine, voici monsieur mon père, le comte Guy qui est proscrit par sentence royale. J'ai besoin qu'il parle. Étendez sur lui votre protection, afin qu'il soit entendu.

— Rohan est ici parmi ses pairs, répondit le comte de Toulouse; j'apporte de Paris l'ordre du roi qui lui rend ses titres et ses biens.

Puis, se tournant vers le vieillard :

— Parlez, comte, vous êtes libre!

Un peu de sang monta aux joues terreuses du vieux Breton

— C'est peut-être la volonté de Dieu, murmura-t-il, que la Bretagne soit sauvée par la France.

Puis d'une voix qui déjà n'était plus de la terre.

— Bourbon ! reprit-il, tu es un noble prince. Je veux bien porter témoignage devant toi... Voici le fils de César, mon premier né. Voici la fille de ma Valentine : tous deux issus de légitimes unions... tous deux Rohan, je le jure !

Il se tut. Le comte de Toulouse fit un pas vers lui la main tendue. Mais Rohan avait fait son devoir. Son dernier mot avait été son dernier soupir. La mort le sauvait de cette alternative : donner sa main bretonne à un Français, refuser sa main loyale au plus loyal des chevaliers. Il était tombé d'un temps, tout d'une pièce et sans chanceler.

Rieux dit :

— Il s'est couché, du moins, en sa place ! Voici son fils, Rohan ne meurt pas !

VALENTINE DE ROHAN

CONCLUSION

En cette séance du parlement de Rennes, César de Rohan et Marie sa cousine furent solennellement reconnus. Ce fut madame de Toulouse qui réunit leurs mains pour les fiançailles. Quand on sortit du palais des États, le prince gouverneur fit signe du haut du perron qu'il voulait parler. Valentine était auprès de lui. Les Loups applaudirent d'un bout à l'autre de la grande place.

— Bonnes gens, dit le prince, la guerre est finie entre vous et nous. Le roi (et il appuya sur ce mot *le roi* comme s'il eût voulu écarter la personne du Régent, odieuse à la Bretagne), le roi vous aime et c'est pour cela qu'il m'a envoyé vers vous. Je vous apporte l'oubli du passé avec la promesse de jours meilleurs ; et pour preuve, bonnes gens, voici le fils de vos anciens seigneurs que le roi vous rend. Il était comte, le roi le fait duc.

Il prit Raoul par la main et acheva au milieu des acclamations commencées :

— Pour que le nom de Polduc, souillé par un traître tombe dans l'oubli, celui-ci est le duc de Rohan-Rohan !

. . . .

On dit qu'après ce grand triomphe, madame Valentine, rentrée en son hôtel, trouva au seuil de son oratoire Morvan de Saint-Maugon agenouillé.

Feydeau et ses deux filles étaient partis pour Paris à la suite de la séance. Alain Polduc avait disparu. Voici ce qui se raconta tout bas dans les loges de la forêt de Rennes :

Josselin Guitan lui avait dit un jour sous son serment :

— Tu mourras de ma main !

On retrouva le corps de Polduc dans le cimetière de Noyal, entre les tombes de César et de Jeanne de Combourg, sa femme. Le bourreau était couché entre ses deux victimes.

En terminant, nous constaterons que le voyageur Julot raconta les merveilles de Paris jusqu'au dernier jour de sa vie et que dame Michou reprit avec honneur son poste de femme de charge du manoir.

Les mémoires du temps n'ont qu'une lacune, une seule, mais elle est regrettable : Malgré nos recherches sérieuses, nous n'avons jamais pu découvrir si le romanesque Magloire fut enfin l'époux de Sidonie.

FIN

TABLE DES MATIÈRES

PREMIÈRE PARTIE
La petite Cendrillon

I.	— Le boudoir	4
II.	— L'intendant royal	13
III.	— Deux héritiers	23
IV.	— Madame Saint-Elme	37
V.	— Le feu-follet	52
VI.	— Mot d'ordre	63
VII.	— Profits et pertes	78
VIII.	— L'interrogatoire	89
IX.	— Les demoiselles Feydeau	96
X.	— Le coup de feu	108
XI.	— La toilette de Cendrillon	120
XII.	— La cornette	133
XIII.	— La fée	146

DEUXIÈME PARTIE
La comtesse Isaure

I.	— Aventures de nuit	154

II. — Le souper de Magloire	.	162
III. — Avant le bal	.	175
IV. — Tête-à-tête	.	189
V. — L'insulte	.	201
VI. — L'invasion	.	213
VII. — Changement à vue	.	225
VIII. — La Fosse-aux-Loups	.	239
IX. — Dame Michon Guitan	.	253
X. — Le joli sabotier	.	266
XI. — Mère et fille	.	280
XII. — Les ôtages	.	295
XIII. — La Louve	.	310

TROISIÈME PARTIE

Rohan-Rohan

I. — Les sépultures	.	329
II. — L'agonie de Rohan	.	345
III. — Rohan ne meurt pas	.	360
Conclusion	.	379

FIN DE LA TABLE

www.ingramcontent.com/pod-product-compliance
Lightning Source LLC
Chambersburg PA
CBHW060613170426
43201CB00009B/998